The Theories for VICTORY Jun Mizutani

卓球王 水谷隼の勝利の法則

試合で勝つための99の約束事

水谷隼

全日本チャンピオン（9回優勝／2018年時）
世界選手権メダリスト（7個）

卓球王国

はじめに

環境に恵まれていない選手はたくさんいる。

強くなりたいけどコーチがいない人、練習相手がいない人、練習場所がない人。そういう人たちは勝つための情報がないから独学になることも多い。その人たちが少しでも本書を読んで、勝つためのヒントを得て、試合で勝つことで卓球の面白さや奥深さに触《ふ》れてほしいと思う。

負けることはバネにならない。勝つことがバネになるのだ。負けた時の言い訳ではなく、勝った時の自信を大切にしたい。もっと勝ちたいと思うから、もっと強くなりたいと思うから、新しい技術に挑戦したり、現在の技術をさらに高めようとする。

小学生の頃、ソフトボール、サッカー、バスケットボール、テニス、水泳といろいろなスポーツを経験した。その中でも卓球は最も難しくて、奥が深いスポーツだということがすぐにわかった。そこで「卓球を極めたい」と思った。小学校4年生の時だ。

卓球は5歳の時に初めてやったけど、定かな記憶はない。卓球を始めて1年経って、幼稚園の年中の時に全日本バンビの部（8歳以下）の静岡県予選に出て、代表決定戦で負けたことが最も早い卓球に関する記憶だろう。

卓球を極めたい衝動《しょうどう》は今でも維持している。卓球少年の頃は、一つひとつの技術を覚えたり、憧れている選手の真似をしながら、そこに一歩ずつ近づいていくことが楽しかった。しかし、今は世界のトップという、エベレストの頂上近くのような薄い空気の中でもがいている。足を一歩踏み出すことさえ困難な状況と言えるかもしれない。

ただ、自分の立っている場所は違っても、少年時代に味わったあのほろ苦い敗戦の悔しさや、勝った時の喜びや、表彰台に立った時の誇らしさは同じなのだ。

自分の考えや戦術を本にしたためるのは初めてのことで、「現役なのに本を書くなんて……」と思う人もいるかもしれない。しかし、自分の考え方を紹介することが子どもたちや指導者の役に立つと確信しているし、私自身は他の日本選手と違う練習を実践したから日本の頂点に立ったという自負もある。

日本には素晴らしい面がたくさんあるけれど、一方で修正すべき部分もある。本書が、日本の愛好者が卓球の奥深さを知るためのガイドブックになり、困難にぶつかった時の道しるべになってほしい。そして本書の中の言葉が、みなさんの敗戦の悔しさではなく、勝利の喜びと自信につながることを祈っている。

〈水谷隼　2015年1月〉

目次

はじめに

第1章《戦略》STRATEGY

01 まずプレースタイルの設計図を描こう……16
設計図をまず作り、材料を集めてから家を作る

02 「自分がやりたい卓球」をイメージする……18
強い人の技術の真似をしながら自分のプレースタイルを作っていく

03 イメージトレーニングは24時間できる……20
ボールを打つことだけが練習ではない

第2章《身体》PHYSICAL STRENGTH

04 なぜ卓球を選んだのか……22
いつボールが来るかわからないチームスポーツは自分には向かない。卓球はボールを独占できる

05 卓球は「スピード」だ……23
ジュニア時代の食生活に気をつけよう。横の動きとジャンプトレーニングが重要

06 頑固さと柔軟性……25
ロシアリーグに参戦してから体力トレーニング、食生活を考えるようになった

07 勝つための体作りとは……26
卓球選手に筋力トレーニングは必要なのか

08 練習量とトレーニング……27
ケガ・故障予防のための体力トレーニング。すべて練習のためだ。自己満足に陥るな

09 故障を予防……29
チューブトレーニングをやることで痛みが消えた

10 体重を落とした理由……30
卓球の動きで必要なのは「速さ」と「俊敏性」だ

第3章《用具》GEAR

11 ラバーに求めるのはやりやすさと操作性……34
使用ラバーの弾みの誤差は小さくする。そしてプラボール対策

12 ラバーを貼る……36
ラバーを貼る場所の湿気や気温にも気を配る

13 ラバーの接着……37
ラバーを貼るのは単純なように見えるが細心の注意を払う

14 台によって弾みは違う……38
同じようにプレーしているのになぜか調子が悪い。卓球台や湿気が影響している時がある

第4章《練習》PRACTICE

15 練習は何のためにやるのか……42
「基本」と「応用」を分ける意味はない。練習のための練習はやらない

16 答えのわかるクイズはしない……43
やりやすい相手とは練習をしない。練習では「予測」と「対応」を鍛えよう

17 実は練習の半分は役に立っていない……45
相手に合わせるようなボールを送っていないか。100％自分の練習と言えるのか

18 日本の練習は相手に甘えている……47
練習では厳しいボールを送り、あまいボールは打ち込む。それが試合で生きる本物の練習だ

19 「気持ち良い練習」と「強くなる練習」は違う……48
決まり事の多い練習で、指導者が子どもの可能性をせばめていないか

20 「2時間チーム」が「4時間チーム」に勝つために……50
2時間の練習を100%自分の練習にすればよい
21 ラリーを続けることが第一ではない……52
「得点を狙うための練習」が重要。「ただ入れるだけの練習」は意味がない
22 多球練習……54
多球練習でも最後はフォアハンドで決める練習が多い
23 練習に対する選手と指導者の意識を変えるべきだ……56
練習と訓練によって身体は無意識に反応するようになる
24 練習のやり方は国によって違う……58
反復練習が多く、練習量も多い日本。短い練習時間で100%の集中力で行うヨーロッパ
25 「自分がやりたかった練習はこれだ」……60
ブロックする選手も自分の練習だと思わなくてはいけない
26 名門校の長時間練習……62
日本では、私は練習で手を抜いていた。頭を使うハイレベルな練習を4、5時間もできない
27 自己満足の朝練習は必要ない……63
疲れた状態ではなく、100%集中できる状態で練習をするべきだ
28 集中できないと思ったら練習を休むべきだ……64
指示されるのではなく、自主的、自発的な練習をやってこそ強くなれる
29 「練習のための練習」と「試合で勝つための練習」……65
勝つためにはサービスとレシーブを練習し、次に3・4・5・6球目と練習していく

第5章《技術》TECHNIQUE

30 フォームを気にしすぎるな……68
100人いたら100のフォームがある。フォームに「正しい答え」はない

31 フォアハンドとバックハンドの基本打法……70
打球点を下げない。フォアは流れるように、バックはフィニッシュで止める感じで打つ

32 威力の出るフォアハンドの打ち方……72
巻き込みのフォームではなく、オープンフェイスで打ったほうが威力が出る

33 バックハンドの大小のフォームの使い分け……74
低い姿勢を維持しながら身体の正面でボールをとらえ、安定させる

34 アグレッシブなスタイルを作り上げる……76
練習で強いボールを打ちながらその精度を上げていく努力

35 スイングのチェック……77
狙ったところ〝4センチ〟に打ち込む感覚

36 フットワーク……78
試合で規則的に動くことはない。試合で使うフットワークを練習しよう

37 3分の2面でのフットワーク……80
3分の2面に不規則に送球してもらい、突然バックをついてもらい対応する

38 難易度の高い3分の2面でのフットワーク……81
3分の2面ランダムを両ハンドで対応し、ミドルをフォアで打つ

39 低い姿勢がパワーポジション……84
低い姿勢を維持し、身体の上下動を防ぐことでエネルギーのロスをなくす

40 サービスの効かせ方……86
サービスのうまい人は、相手の心理を読む人

41 強い横下回転とナックル……88
強い回転サービスを持ち、チキータ対策のサービスを考える

42 サービスの鍛え方……90
まず練習で出してみて新しいサービスを覚える

43 サービスは「真似して盗む」……92
サービスのうまい人は下回転サービスが切れている

44 チキータの出現……94
台上のチキータはテイクバックを取れるので、威力を出せる

45 2010年くらいから使われ始めたチキータ……96
張継科と王皓の決勝で一気にチキータが世界の主流に

46 チキータの後の4球目……98
チキータは身体が台の中に入る。4球目はコンパクトに打球する

47 レシーブのコツ……100
ボールの当て方、打球音、ボールの軌道とマークで相手の球種を判断する

48 ストップレシーブ……102
ストップレシーブで相手のフォア前に落とし4球目をバックハンドで狙う

49 ナックルレシーブ……104
短い上回転に対して上から押し込む。ボールは揺れながら飛んでいき、相手のラケットの芯を外す

50 台上技術のコツ……106
台上パワーフリックは手首を固定して頂点をとらえる

51 台上バックドライブ……108
ボールに身体を寄せてバックスイングはぎりぎりまで取らない

52 フィッシュ……110
相手の配球を記憶しながらカウンターを狙う

53 フェイクで得点を狙う……112
練習の時から意識するフェイクプレー

54 中・後陣でのしのぎ……116
しのいで得点する。その1点は試合の流れを変える

55 しのぎながらプレッシャーをかける……118
しのいでいるように見えて、実は攻めているロビングとフィッシュ。常にカウンターのチャンスをうかがう

56 **ミドルを狙う**……120
一流選手はミドルを攻める。超一流選手はミドルを守る

57 **ナックルドライブ**……122
ナックルドライブはループドライブとの回転量の差を利用する

58 **ブロッキングゲーム**……124
相手のボールを予測し、相手のボールを利用するブロック

59 **ボールを支配する**……126
自分が打ったボールに対する相手の反応を予測することで時間的余裕が生まれる

第6章《戦術》TACTICS

60 **相手によって戦術を使い分ける**……128
得意な戦術を捨てなければ、勝てないケースもある

61 **心理戦の中での戦術**……129
試合の組み立てで使う「捨て球」と「見せ球」

62 **心理的に優位に立つ**……130
「相手のボールへの反応」から弱点を見つける

63 **相手に自分の弱点を悟らせない**……132
苦手なサービスを出された時の対応。ミスしても良いから強打して、「本当は強いんだ」と見せる

64 **競り合いで強くなるための方法**……134
前半は競り合ったとしても、相手のパターンや癖を記憶しておく

65 **相手の情報分析**……135
メモ代わりにパソコンに打ち込んだら、相手の情報は記憶にとどめない

66 **格下に対する戦術・格上に対する戦術**……137
普段と違うA戦術と普段使うB戦術を順番を変えて使っていく

67 **自分のプレーは変えられる**……138
常に「進化」して、どこからでも攻めていくスタイル

68 **スタートダッシュのかけ方**……140
1ゲーム目を取った時の勝率は高い。得意のサービスからの強気の戦術を使う

69 **最終ゲームにもつれた時の戦い方**……142
追いつかれたら戦術を変える。リードされたら目の前の1本に集中する

70 **初対面の相手に対しての戦い方**……144
スタートダッシュをかけるが仮に1ゲーム目を落としても焦る必要はない

71 **表ソフトの選手に対する戦術**……145
ループドライブとロングサービスを多用して、大きなラリーに持っていく

72 **ペンホルダーの裏ソフトドライブ型に対する戦術**……146
バック前からのラリー展開にしてから、バックを潰す

73 **対サウスポー、対シェーク両ハンド攻撃型の戦術**……148
対左は、守ったほうが負けという展開になる。シェーク両ハンドには右足を出させるボールを出す

74 **対カットマンの戦術**……150
粒高は回転量が決まっているのでラリーになったら粒高面を狙っていく

75 **対粒高の戦術**……152
相手に好きなようにやらせた後につないできたボールを狙っていく

76 **守りの堅い選手に対する戦術とチームメイトへの戦術**……154
テンポ、タイミング、コースを変える工夫が必要

77 **ゲームの捨て方**……156
次のゲームのために布石を打つようなサービスを出しておく

78 **世界のトップ選手　張継科のプレー**……158
YGサービスとチキータ。そしてミスのないフォア前のレシーブ

79 **世界のトップ選手 王皓・許昕・馬龍・樊振東のプレー**……160
王皓のサービス、許昕のフォアドライブ、オールラウンドの馬龍、そつのない樊振東

80 **世界のトップ選手 ボルとオフチャロフのプレー**……162
ボルのループドライブは出色、実力伯仲のオフチャロフは両ハンドが強い

81 **世界のトップ選手 丹羽・松平・村松のプレー**……164
丹羽のチキータ、松平のブロック、村松のバックハンド攻撃が特徴

第7章《メンタル》MENTAL

82 **試合は緊張するもの**……168
緊張しても、緊張しなくても結果は同じだからリラックスして試合に臨む

83 **大事な試合の前の日**……169
試合のことを考えたら眠れなくなるから頭の中から消してしまう

84 **ガッツポーズ**……170
ガッツポーズや応援だけで試合には勝てない。気合いや喜びは自然と出てくるものだ

85 **ポーカーフェイス**……172
闘志むき出しで吠えるタイプにはすべての間合いを短くする

86 **開き直りのメンタル**……174
「ぶるう」のは当たり前だと思えばいい

87 **敗戦に耐えられないから勝ちにいく**……176
試合で負けてもバネにはならない

88 **勝負を分けるのは自信と経験**……177
試合には「冷静に」入る。「自分は強い」と自己暗示をかける

89 **敗者のメンタリティー**……178
強気に見える作戦が「逃げている」

90 一番言われたくない言葉……179
「集中しろ」「強気だ」という言葉は意味がない

91 群れを作らない……180
仲良しクラブでは選手は強くなっていかない

92 相手の心理を読む……182
相手の心理や性格を読みながら戦術を変えていく

93 自分が相手だったら「水谷をどう攻めるのか」……184
競り合いになったら、次でどうやって点を取るのか。そこに集中すれば心は揺れ動かない

第8章《最後に》AT THE END

94 連覇が途切れた後の2年間……188
過去の敗戦を後悔していたらきりがない。敗戦を忘れるように努力した

95 スポーツマンシップとフェアプレー……190
卓球ほど選手がスポーツマンシップを持ち、フェアプレーを守るスポーツはない

96 ブースター問題……192
ルール違反のブースターは使わない。フェアプレーで勝つことが自分の信念だから

97 新しい環境に飛び込む……194
英語を覚えてから生活も変わりプレーも変わった

98 自分が卓球をやる意味……196
自分の卓球の限界に挑む。自分はどの高みまで到達できるのか

99 勝者と敗者……197
他人のために頑張る勝者と自分のために頑張る敗者

あとがきに代えて……198
水谷隼の歩み……200

装丁デザイン　永丘邦弘
カバー写真　江藤義典

2014年
ITTFワールドツアー
グランドファイナル優勝

●2014年12月14日に、国際卓球連盟(ITTF)のワールドツアーのチャンピオンを決める最高額賞金大会で見事に優勝を果たした筆者

PROFILE

水谷隼 ● みずたに・じゅん

1989年6月9日生まれ、静岡県出身。両親の影響で5歳から卓球をはじめ、天性のボールセンスで早くから注目を集め、全日本選手権バンビ・カブ・ホープスの部で優勝。中学2年時からドイツ・ブンデスリーガに卓球留学してその才能を磨く。青森山田中・高を経て明治大に進学し、15歳10カ月（史上最年少：当時）で出場した05年世界選手権個人戦では、世界ランキング8位（当時）の荘智淵（チャイニーズタイペイ）を破った。全日本選手権では、17歳7カ月（史上最年少：当時）で優勝した06年度（平成18年度）大会から、史上初の男子シングルス5連覇を達成し、16年度（平成28年度）大会では9回目の優勝。

これまでにドイツ・ブンデスリーガだけでなく、中国・超級リーグやロシア・プレミアリーグでもプレーし、14年からはロシアの強豪クラブ・UMMCでもプレーした。10・14年ITTFワールドツアー・グランドファイナル優勝、世界選手権にはこれまで団体・個人で14回出場（2018年時）し、合計7個のメダルを獲得。2016年リオ五輪では団体で銀メダル、シングルスで銅メダルを獲得した。世界ランキングの最高位は4位。

第1章

戦略
STRATEGY

プレースタイルという設計図をまず作り、
材料を集めてから、家を作る。
設計図がないまま、材料を集めても意味がない

01

●──まずプレースタイルの設計図を描こう

設計図をまず作り、材料を集めてから家を作る

卓球では、戦術を決める前に技術の練習をしても意味がないので、技術練習をする前に、プレーの設計図を明確にすることが重要だ。まず「こういう卓球をしたい、こういうプレーをしたい」と自分の理想のプレースタイルを考えよう。

これはたとえるならば、家の設計図を描くことと同じだ。自分の目指すプレースタイルを考えたら、「このスタイルでどうやって試合で勝っていくのか」を考える。これが「戦略」で、その戦略を実現させるのが「戦術」、つまり「戦い方」だ。

プレーの設計図（プレースタイル）があるからこそ、工事（戦略）、組み立て（戦術）ができ、材料（技術）を集めることが必要になり、材料が揃《そろ》ったら家の建築を始める。

設計図がないまま、材料だけを揃えても意味はないし、設計図がないままでは家の建築もできない。練習は技術を高めるために行うものだが、それは「こういう卓球をするから、この練習が必要だ」という意識がなければいけない。設計図がないと、まさに「練習のための練習」になってしまう。

また、私は自分で練習メニューを決めるようになってからは「戦術優先」で練習メニューを考えている。試合で使いたい戦術が決まったら、「この戦術を実行するためにはこの技術が必要だ」と逆算しながら考えていく。

練習というのは、試合で一番使う戦術パターンを繰り返し行うのが最も効率的だ。そうしないと、無駄《むだ》な練習ばかりに時間を費《つい》やすことになる。

〈憧れの人のプレーを真似することも大切〉

張継科（中国）はYGサービスを軸に、強烈なフォアハンドドライブと台上バックドライブからの連続攻撃で、五輪と世界選手権を制した

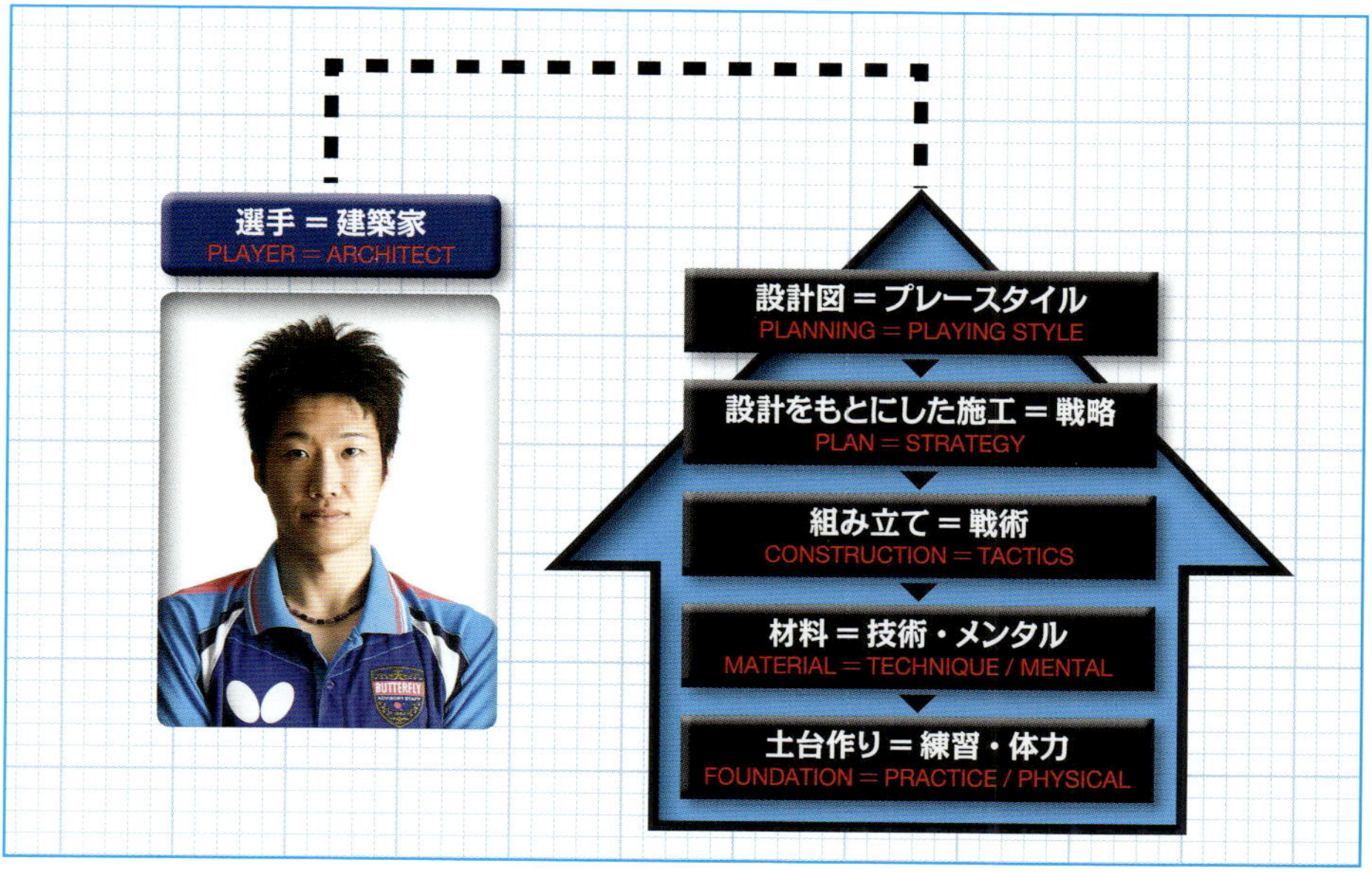

02

●—「自分がやりたい卓球」をイメージする
強い人の技術の真似をしながら自分のプレースタイルを作っていく

卓球を始めたばかりの人が、いきなり自分のプレースタイルを考えるのは難しいかもしれない。建築のノウハウを知らない人が設計図を描けないように。

まず、そばに指導者がいれば、その指導者の言うことに耳を傾《かたむ》け、従うのが良いだろう。そうしているうちに、次第《しだい》に卓球がわかってきて、自分の中で「あの人のようなプレーをしたい、あの人のプレーがカッコ良くて好きだ」という感情が芽生《めば》えてくる。そういう自分の好きなプレーをやってみたり、憧《あこが》れの人のプレーを真似《まね》することも初期の段階では大切なことだ。

そして、上達するにつれて「こういう選手になりたい」とか、「この選手に勝ちたい、そのためには自分がどういうプレーをすればいいのか」という具体的な卓球のイメージを常日頃から考えるようになるだろう。たとえば、張継科《チャン・ジィカ》（中国・五輪チャンピオン）のようなYGサービスを出したい、チキータをやりたいと頭の中でイメージして練習をしていくように。

卓球を理解できるようになってきたら、「自分がこういうプレーをしたい」とイメージが湧《わ》き、頭の中で設計図を作れるよ

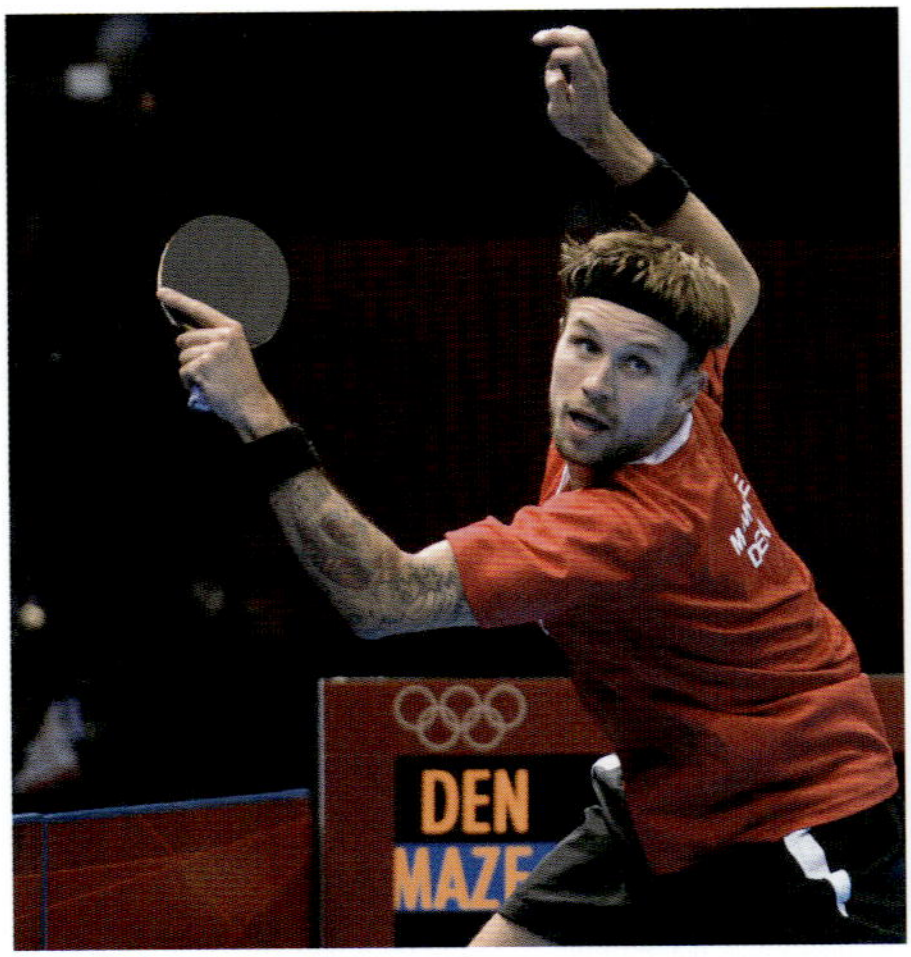

メイス（デンマーク・05年世界3位）のロビングも筆者は参考にした

馬琳（中国・08年五輪金メダリスト）は筆者が、サービスを参考にした選手

うになる。設計図が用意できたら、次に技術という材料を用意する。それはいろいろな選手の「良いところ取り」でいい。

張継科のレシーブ、馬琳《マ・リン》（中国・元五輪チャンピオン）と柳承敏《ユ・スンミン》（韓国・元五輪チャンピオン）のサービス、オフチャロフ（ドイツ・五輪メダリスト）のバックハンド、ボル（ドイツ・五輪メダリスト）のレシーブというように、私は今でもいろいろな選手の長所を盗もうとしている。そのためには右利《き》きだろうが左利きだろうが、ペンホルダーだろうがシェークハンドだろうが関係ない。

他人の真似でも、自分がやれば同じものにはならない。一流の真似をして、そこから自分の技として身につけていけばいい。

種の多さというように参考にする部分は様々だ。そして、実際の試合で観たり、対戦した時に感じた感覚に加え、ビデオで何十回も見る。馬龍《マ・ロン》（中国・五輪団体金メダリスト）、許昕《シュ・シン》（中国・世界団体金メダリスト）のプレーを何度も見て、参考にする。国内であれば、松平健太（13年世界ベスト8）や丹羽孝希（前全日本チャンピオン）のチキータを参考にする。

私自身ロビングであれば、メイス（デンマーク・世界大会メダリスト）やエルランセン（ノルウェー）を参考にしたり、自分のバックハンドの調子が悪かったらオフチャロフのバックハンドを見て、「こうだよな、そうだこれだ」とイメージトレーニングをする。真似をしながら自分流に変えている。

つまり、今の自分のプレースタイルはいろいろな選手の良いところを取り入れてできあがったものなのだ。だから、イメージトレーニングはいつも行う。寝る前に、たとえば馬琳のサービスをイメージして、次の日の練習の時に実際にそれを実践してみる。イメージトレーニングはボールがなくても、相手がいなくてもできる。無限にできる練習なのだ。

【チキータ】 1990年代からチェコのコルベルが使っていた台上バックハンドドライブ。ボールの横を擦るドライブで、曲がって相手コートに入っていくことでバナナのブランドである「チキータ」と命名した

03

●イメージトレーニングは24時間できる

ボールを打つことだけが練習ではない

私は常に年中無休で、24時間イメージトレーニングをしている。たとえばサービスでもサポートの横から相手コートに曲がって入っていくイメージをする。それをずっとイメージしていると実際にできるようになる。

ひとつの重要なキーワードは「イメージ」。ボールを打つことだけが練習ではない。卓球台に向かっていない時、歩いている時、寝る前、暇さえあればイメージトレーニングをしている。そういうふとした時に、練習メニューなどの新しいひらめきが生まれることがある。

ただし、このイメージトレーニングのひとつの弊害《へいがい》は、ＯＦＦの時間に遊んでいても、卓球のことが常に頭の中にちらついて楽しめないことだ。自分の中でＯＮとＯＦＦのスイッチを切り替えたいのに、ＯＦＦにできないことだ。

トップ選手の条件はどれだけ卓球のために時間を費やせるかということ。ボールを打つことだけが練習ではない。卓球台についていない時にどれだけ卓球のことを考えているのか。頭の中で「技術」を考え、頭の中で数え切れないほど試合をする。それがイメージトレーニングなのだ。

イメージトレーニングはいつでもできる

イラスト／ WADE 関和之

第2章
身体（フィジカル）
PHYSICAL STRENGTH

卓球の動きで必要なのは、
速さと俊敏性だ

04

●―なぜ卓球を選んだのか

いつボールが来るかわからないチームスポーツは自分には向かない。卓球はボールを独占できる

私はスポーツ経験が多い。最近の選手は小さい頃から卓球というスポーツに特化し、早くに専門化することで故障やケガなど体に問題が起きたり、精神的に燃え尽き症候群のようになってしまう人もいる。

自分自身を振り返ると、小さい頃からチーム（団体）スポーツが嫌いだった。どのスポーツでもある程度できたし、自信もあった。ただ、チームスポーツだと、自分がボールに触《さわ》れない。卓球は自分の試合ならずっとボールに触れることができる。チームスポーツでは自分の良さが消えてしまうと直感した。

ただ、小学校1年から6年生までは卓球をやることに苦痛を感じていた。小学校1年で全国大会（バンビの部）で2位になったから、親も熱が入ったのかもしれない。その当時、自分に記憶はないけれども、生意気でどうしようもない子どもだったと思うし、親から見てもどうしようもない子どもだったと思う。だから、親は余計に厳しく私に接してきた。私も親がいないとすぐに遊びに行って帰って来なかったりしたから、親もさらに厳しくなるという繰り返しだった。

小学2年から中学2年までは夕方の6時半から9時くらいまで、浜松のヤマハクラブで週3、4回練習して、あと週1回は豊田町卓球スポーツ少年団に行って、週末は大会に出たり、県外に練習に行っていたし、県内の小学生の強化練習にも出ていた。これを繰り返していたから毎日のように卓球をしていたことになる。その合間に習い事でピアノと習字、そろばんもしていた。遊ぶ時間が十分にないから、時々、卓球をサボることもあった。小さい頃のことはあまり思い出したくない。普通の子どものように遊んだ記憶があまりないからだ。

05

●卓球は「スピード」だ
ジュニア時代の食生活に気をつけよう。横の動きとジャンプトレーニングが重要

最近感じるのは、全日本選手権に出るような選手でも身体《からだ》が絞《しぼ》れていないし、鍛《きた》えられていないことだ。基礎的な身体ができあがっていない。私は中学2年の時にドイツに行って、体力トレーニングをよくやった。ダッシュ系と長距離、両方のトレーニングをやった。のちにウエイトトレーニングもやるようになった。

中学の時は、青森山田にいる時もドイツにいる時も、ランニングやウエイトトレーニングを限界近くまでやった。アスリートとしては、ある時期に、限界まで追い込むようなレベルまでトレーニングをやることは大切だと思う。

ところが、当時はいわゆるジャンクフードやカップラーメンなどをよく食べていた。今思うと、食生活が良くないからトレーニング効果も低かったのかもしれない。もっとしっかりとした食生活を送るべきだった。意識が低かった。現在のような意識を当時も持っていればもっと良い身体になっていただろう。

卓球で大事なのはスピードだと思う。そのスピードを上げるためには多球練習が重要だ。多球練習はたくさんのボールを

小学生６年生の時の筆者。身体は細く、筋力も乏しかった

使って、休まずに打ち続ける練習だが、負荷《ふか》をかけて多球練習をすれば卓球に必要なスピードはある程度得られる。どれだけ足が速くても、多球練習をやらないと試合でのボールの速さについていけないけれど、多球練習をやっていれば試合の時に強く打たれたり、カウンターされても対応できる。試合のスピードに慣れるためにも多球練習は重要なプログラムだ。

ランニングなどはスポーツマンとしては基礎のトレーニングだが、卓球選手においては横の動きのトレーニング、ジャンプトレーニングなどが重要になるだろう。私は今でも、常に卓球において効果的なトレーニング方法を探している。

【多球練習】数十個以上のボールを使い、送球者が次々とボールを練習者に送る練習。ボールを送るタイミング（ピッチ）、回転量、スピードを変えたり、選手の疲労度を見てボールの数を変えたりできる。もともと日本のバレーボールの練習をヒントに中国が発展させた練習方法。一方、ボール一個を使い、台についた二人で打ち合う練習を一球練習と言う

ナショナルチームでの練習前のウォームアップ

06

●―頑固さと柔軟性

ロシアリーグに参戦してから体力トレーニング、食生活を考えるようになった

2013年にロシアリーグに参戦した頃から体力トレーニングや練習、食生活などを臨機応変に変えながらやってきた。今はそれが自分に合っているからといって、その方法がこれからも正しいとは限らない。常に自分に合ったものを求めていく姿勢が大切だ。

選手には頑固《がんこ》さと柔軟さが必要だと思う。「これをやり続けるぞ」という強い意志で、集中してやることでレベルアップする部分は確かにある。一方で「これは何か変だぞ」と思ったら、すぐに原因を探し、やり方を変更する柔軟性も必要なのだ。

よく見かけるのは「自分にはこれが合っているから」とやり方を変えない人。これは頑固すぎる。一方「これいいね」「あれもいいね」「これはダメだ」「あれもダメだ」と、やること（戦術や練習）がしょっちゅう変わる人。これは逆に優柔不断《ゆうじゅうふだん》すぎる。

1年前から変えたトレーニングと食生活。もっと早くそこに気がついていればという思いもあるが、今気がついて良かったと思う。普通の人は思っていてもそれが実行できない。ストイックにできない。

私は「これを我慢すれば富が手に入る」「試合で勝てる、名誉も得られる」という目的を常に考えている。目的がなかったら厳しい練習や生活を乗り越えられない。しんどい時には、自分の日給を計算して、頑張ろうと思う。

お金を考えるのは嫌らしく映るかもしれないけど、それがプロフェッショナルであり、生活を懸けて卓球をやっている。今は趣味で卓球をやっているわけではないので、そういった目的を常に考えるのも自分にとっては重要なのだ。それで苦しい時を乗り切っている。

07

勝つための体作りとは
卓球選手に筋力トレーニングは必要なのか

現在、基本的に卓球の練習だけでも筋肉はつくと思っているし、卓球に筋力トレーニング（筋トレ）がどれだけ必要なのかを考えている。

一方、ドイツにいたジュニア時代はものすごい筋トレをしていた。ジュニアの時期は、筋トレをすると背が伸びなくなるからあまりやらないほうがいいという話はよく聞くし、高校生までは器具を使ったトレーニングをしないほうがいいと言われていたけど、それに反発するかのように猛烈に筋トレをしていた。

結果として、それは良かったと思う。ちょうどその時期に全日本選手権大会（全日本）で優勝している。14歳、15歳の自分と今の自分を比較しても、あの当時は体も細くて、何もしていなかったら今のような体にはなっていない。私の体は作られているものだと思う。16歳から20歳までは相当筋トレをやった時期、20歳を過ぎてからは日本のナショナルチームで筋トレに取り組んでいた。

小さい頃から長距離も短距離も走るのは速かったし、昔は走る量も多かった。高校を卒業した頃からランニングの量は減ったが、2013年にロシアリーグに行った時期からランニング量が再び多くなってきた。

筋力トレーニングはそれまでも相当やっていたので、今はさらに筋肉をつけようとは思わない。筋トレをすると体が相当張って、次の日でも筋肉痛で体もだるくなって、練習に集中できないし、納得できる練習ができなかった。それが2、3日続いて、体の張りが取れた頃にまた筋トレが始まるという繰り返しで、体が張っていると体が重く打球感覚まで狂うし、練習効率も良くない。

08

●―練習量とトレーニング

ケガ・故障予防のための体力トレーニング。すべて練習のためだ。自己満足に陥るな

あと何年卓球をやれるのか、あとどのくらい勝てるのか、今断言することはできない。心(モチベーション)の状態は良いし、何年でもできると思う一方で、スポーツ選手たるもの、いつ故障やケガでプレーできなくなるかわからない。25歳くらいになると今まで以上に身体のことが心配になる。ウォーミングアップは今まで以上に入念に行い、これからは練習後のクールダウンや疲労回復に時間をかけなくてはいけないだろう。

俊敏性はまだ上がっていくと思っているが、筋力などはアップしない可能性もある。練習の質を上げて、食生活の質を上げていけば、身体は維持できるし、自分の卓球はもっと強くなる。経験による戦術の発展も望める。ただし、ケガだけは気をつけないといけない。今まで足の疲労骨折、指の骨折や故障、ケガを経験しているので、普通の体で卓球ができることの幸せも実感している。ケガなしに練習できることのありがたさがわかっているので、ケガの経験が今に生きている。

今は大会期間中でも体中が痛いと感じる。ケガさえしなければ、東京五輪までいけると思うが、故障・ケガの予防も兼ねて体を鍛えていきたい。これからのことを考えると、筋トレの必要性も感じている。さらにプラスチックボールに変わったことで、明らかにボールの回転やスピードは落ちているので、それを取り戻すためにも筋トレを今後どのように取り入れていくのかが課題になる。しかし、前述したように、筋トレをやりすぎることで練習に支障をきたしたくない。

卓球生活の中で、優先順位をはっきりさせないといけない。1番は、試合で勝つこと。2番はそのために質の高い練習をすること。3番は練習に耐えられる身体を作ること。そのために体力(フィジカル)トレーニングを行う。

特に、名門校と言われるところは、日々ハードなトレーニングを行う。そうした時に、選手は常に疲れた状態で

練習をやっていないだろうか。身体が疲れていては、練習に集中できない。集中力が落ちて、練習効果は上がらず、ケガや故障も起きやすい。

練習量をたくさんこなす、ハードな体力トレーニングを課すことは、時に選手自身や指導者の自己満足だったりする。「これだけ練習をやったんだから、あれだけハードなトレーニングをやったから自信がついた。試合で勝てるはずだ」という思い込みだ。試合で勝つためにはそういった自信も重要だが、最も大切なことは「練習の質」であり、「戦術と技術」であることを忘れてはいけない。

【全日本選手権大会】 国内で最大の選手権大会で、小学生から一般の選手までのすべてのカテゴリーの選手が一堂に集まり、争う唯一の大会。昭和11年（1936年）に第1回大会を行い、優勝カップは天皇杯（男子シングルス）と皇后杯（女子シングルス）と呼ばれる。略称して「全日本」とも言い、水谷隼は2014年時点で6度の優勝を飾っている。その歴史の重みとマスコミの注目度において、世界に例を見ない国内選手権となっている

〈毎日必ず行うチューブトレーニング〉

①／練習前に行うチューブトレーニング。ここからスタートする

②／①の状態からゆっくりと肩の位置までチューブを引き上げる

09

●故障を予防

チューブトレーニングをやることで痛みが消えた

左肩（利き腕）は2008年から慢性的な痛みを持っている。

今は練習前と練習後にチューブトレーニングを数分ずつ行う。それを継続するようになってからは痛みがあまり出ない。それまでは練習をやり込むと週1、2回は痛みが出ていたし、大会の時には必ず痛みが出て、痛み止めの薬を飲みながら試合をやっていた。全日本5連覇の時期（07～11年）にも毎年のように肩を傷めていた。

ロシアリーグに行って、ヨーロッパ選手がチューブトレーニングをしているのを見たので、去年から自分も取り入れたら痛みがなくなっていった。今は必ず毎日やっている。筋肉に刺激を与えて、それによって筋肉が温まってほぐれている感覚がある。チューブをやっているから今でも卓球をやれているのだろう。

チューブは、いつでもどこでもできるトレーニングだ。たとえば、卓球台が少なくて、部員が多くてボールを打てないチームもあるだろう。ただ後ろで待っているだけでなく、チューブトレーニングをやりながら練習を見つめることも、有効な時間の使い方のひとつになるだろう。

①／Aと同様に肩周りのトレーニング。前腕を前に倒した状態から上にゆっくりと上げていく

②／この位置まで引き上げる。AとBを15回ずつ練習前に行う

10 ●―体重を落とした理由
卓球の動きで必要なのは「速さ」と「俊敏性」だ

体重を落として成功したと思う。動きも以前よりも速くなった。

卓球の場合は、動きは遅いよりも速いほうが絶対に良い。そう考えるようになったきっかけは2013年7月のアジア選手権の時に動きが遅いと感じたことだ。フォアに飛びついた時に体が重いと感じたし、練習の時にも動きが遅いと感じた。ボールが来ているのがわかっているのに体の動きが遅く、飛びついてもその次の動きができないと感じたから、何とかしないといけないと思った。その時には飛びつきの練習をしていれば直ると思っていたけれど、結局は練習しても直らなかった。

その時の体重は以前の自分の体重と比べても「普通」で、ほとんど同じだったのに、体が思うように動かない。それでロシアリーグに行く前の8月くらいから体重を落とそうとして、体幹トレーニングを多く取り入れたり、ランニングを多くした。本格的に食事制限をしたのは11月くらいからで、自分でも体の変化に気づき始めたのは12月後半のロシアリーグくらいからだ。

これから自分が世界のトップに行くためには、脚力が必要になる。もっと上のレベルで戦うためにはもっと速く動きたいし、もっと俊敏性を高めたい。そこが強化するポイントになるだろう。

さらに、最近疲れてくると体が立ってくる。卓球のプレー中の姿勢というのは脚でしっかり踏ん張り、広めのスタンス（両足の幅・構えの意味）によって、身体を支えている。その姿勢を保持するためには脚力が必要なのに、疲れてくると体が起き上がり、姿勢も高めになる。常に低い姿勢をキープできるような脚力、筋力が必要だが、体が軽くなれば脚への負担も軽くなる。

以前から身体への意識は高く、自分のマンションにトレーニングルームを作って鍛えていた。卓球にとって身体は一番重要な部分だと自覚しているからだ

【ロシアリーグ】正式名称は「ロシア・プレミアリーグ」。1992～1993年のシーズンから始まったロシアのリーグで、ドイツのブンデスリーガと比べれば歴史は浅い。12チームでホーム&アウェイのリーグ戦を行い、上位8チームでプレーオフを争う。水谷が2013年から参戦しているのは『UMMC』というクラブで、ライバルの『ガスプロム・オレンブルク』にはオフチャロフやサムソノフが在籍している

09年全日本選手権大会での筆者

14年6月のジャパンオープンでの筆者。体重と体脂肪率が落ちている

ロシア・プレミアリーグの『UMMC』のエースとしてプレーする水谷。常に勝利を求められる状況でのプレーが筆者のポテンシャル（潜在能力）を引き出していく

第3章
用具
GEAR

用具選びはとても重要だ。
また、会場、気温、湿度、卓球台によって
ボールの弾みも違ってくる

11

使用ラバーの弾みの誤差は小さくする。そしてプラボール対策

ラバーに求めるのはやりやすさと操作性

卓球選手にとって用具選びはとても重要だ。現在、私はラバーに『テナジー・64』（バタフライ）を使っている。スピード志向の『64』を取るか、回転志向の『テナジー・05』を取るのかと悩んだことがあるが、結局スピードを取りたいから『64』を使っている。ただし、回転量はどうしても『05』のほうがあるし、『64』を使っていると相手からすると取りやすく、ラリー戦になってしまう。だから自分では回転をかけて打つことを相当意識している。インパクトでボールに力を与えるために、まるで何十キロの重さのものを振るようなイメージでラケットを振り、ボールに回転を与える。同時にボールに回転をかけることは弧線《こせん》（山なりの飛行曲線）を作ることになり、打球を安定させることになる。

用具は大事にするし信頼しているが、周りが思うほどこだわってはいない。中学生の時にアリレート（特殊素材）のラケットを使っていたら、マリオ・アミズィッチコーチ（当時・以下マリオ）に「それは子どものラケットだ」と言われ、アリレート・カーボンに変えた。次にZLカーボン、さらにスーパーZLカーボンに変えたが、プラボールになったので現在検討中だ。

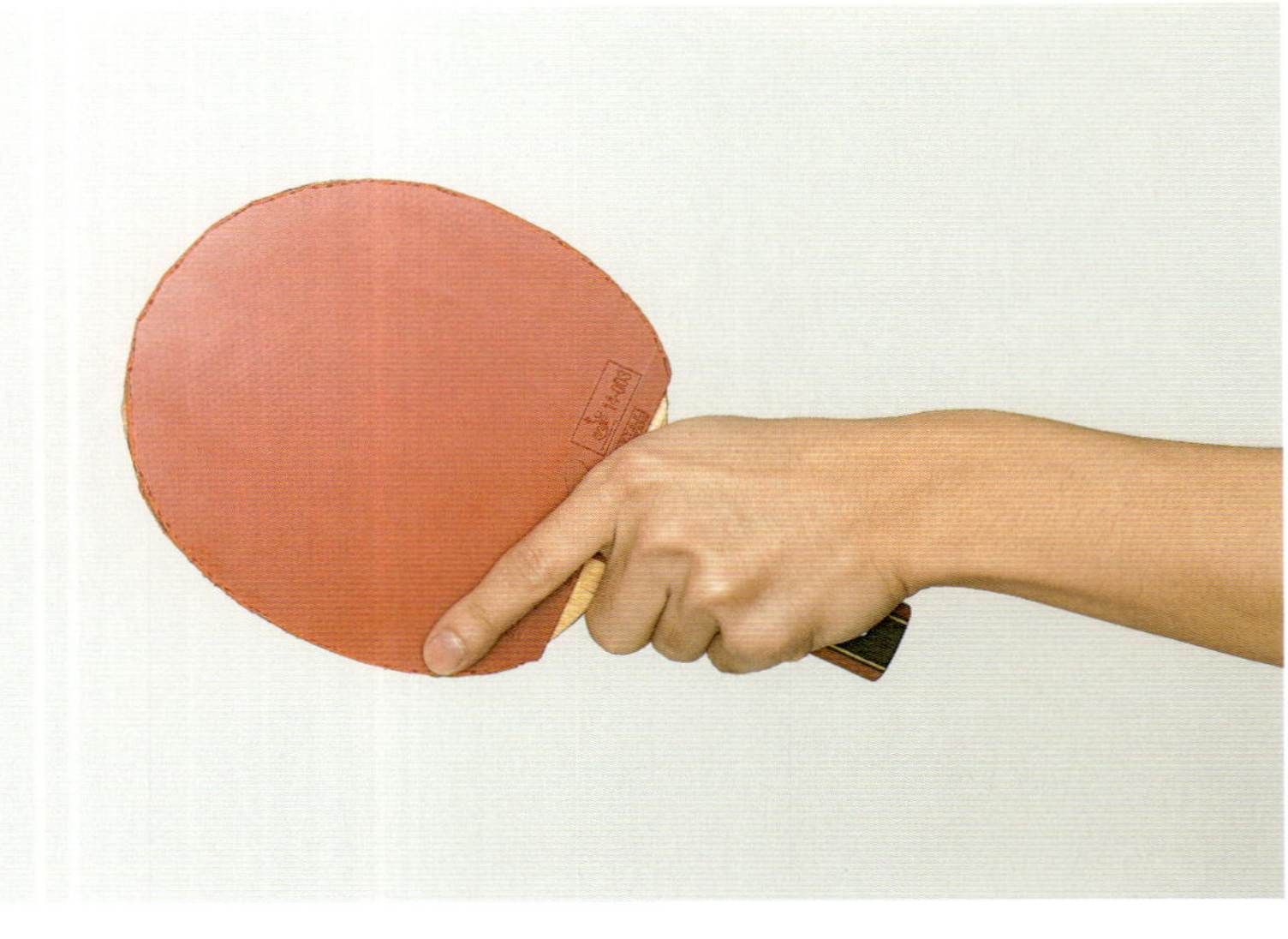

筆者のグリップ（バック面）

ラバーに求めるのはやりやすさ、操作性だ。スピードグルー（揮発性有機溶剤）を使っていた時期、その後スピードグルーが禁止になり、補助剤を使っていた時期、そして補助剤が禁止されて以降と、ラバーを変えていった。

「今日のラバーはいい、悪い」というラバーを貼る際の感触と、実際打ってみてのギャップは他の人よりも小さい。試合前に自分でラバーを貼って、ラバーの弾力や表面を入念にチェックするために、使用ラバーそれぞれの弾みの誤差は小さくなる。

２０１４年の後半から本格的にプラスチックボール（プラボール）が導入された。打った感触から言えば、プラボールではスピードと回転がセルロイドボールよりも若干《じゃっかん》落ちる。また、サービスや相手のストップレシーブが台上で止まるようにも思うし、相手の打球がバウンドで微妙に変化する。そのために、スウィートスポットが広めのラケットを選ぶようにしている。

ボールは今後改良されていくと思うが、やや硬くなったプラボールに対して、軟らかめのラバー、軟らかめのラケットを使うことで調整していくつもりだ。

筆者のグリップ（フォア面）

【スピードグルーと補助剤】スピードグルーは、シンナーのような揮発性有機溶剤を使用した接着剤で、ラバーを膨《ふく》らませる効果があり、１９７０年代から世界で使用されていたが、有害物質が入っているために２００８年に使用禁止となった。しかし、その禁止直前に補助剤（ブースター）が発売。これは油系の液体で、やはりラバーを膨張させる効果があった。同年に「後加工禁止」となり、補助剤も使用禁止となったが、一部の選手の間では使用され、それに抗議して水谷は２０１２年に国際大会への参加を一時期見合わせた

12

●ラバーを貼る

ラバーを貼る場所の湿気や気温にも気を配る

ラバーを貼る時のグルー（接着剤）の量や乾《かわ》かす時間を、徹底して正確に行うことによって、自分のパフォーマンスの誤差をなくしていく。

グルーを塗った面にゴミがついていたら必ずそれは取り除くし、貼る場所の気温や湿度も考慮する。そこにはこだわり、どの会場でも同じような弾みにするため、徹底的に管理する。

２０１０年にハンガリーオープンで優勝した時に、ある選手と同室だった。私はラバーを貼る時に湿気があるのが嫌で、シャワーを浴びられるのを嫌う。だからシャワーを浴びる前にラバーを貼る。湿気があると普段のラバーの乾き具合と誤差が出るからだ。ところが、その時には年上の選手だったので、シャワーを浴びるなとは言えないから、トレーナーの人の部屋に行ってラバーを貼り替えたことがある。

スピードグルーの頃は、毎試合ごとに塗り直していたので、貼り方を何度も失敗していた。スピードグルーが禁止になった現在、以前ほどラバーの接着にナーバスにならないので精神的にも良く、そういう失敗の経験が今に生きている。ただし、今でもうまく貼れない時には、心の中でモヤモヤして試合に集中できない時がある。

今日はなぜこういう弾み方をするんだろう、なぜこういう打球感なんだろう、なぜ台の弾みがおかしいんだろう、なぜ今日調子が悪いんだろう、と毎日チェックする。良い時と悪い時は原因が必ずある。会場の広さ、気温によって弾みも変わるので注意する必要がある。

試合でなぜか調子が良いとか、悪いというのは、自分自身の問題ではなく、意外と用具やラバーの貼り方や環境などが関係していることが多いので注意が必要だ。

13

●ラバーの接着

ラバーを貼るのは単純なように見えるが細心の注意を払う

1

グルー（接着剤）、塗布用スポンジ、ハサミを準備

2

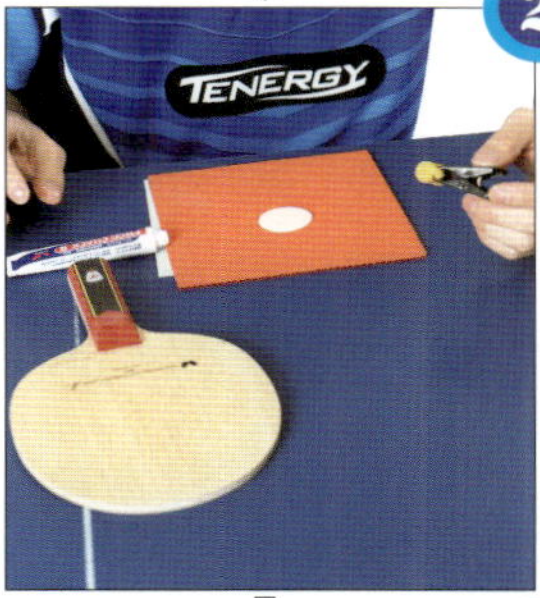

スポンジに適量のグルーを落とす。多すぎても少なすぎても良くない

3

ラバー全面に、グルーを均等に伸ばしていく

4

グルーが完全に乾く前にもう一度グルーをたらして塗る（二度塗り）

5

ラバーにグルーを塗り終わったら、薄めにラケットにもグルーを塗る

6

1時間ほど置いてラバーとラケットのグルーが乾いた状態で貼りつける

7

ラバーとラケットの間に空気が入らないように貼り、腕で押さえつける

8

最後にハサミでラバーを切って、ラバー貼りは終了

14

●─台によって弾みは違う

同じようにプレーしているのになぜか調子が悪い。卓球台や湿気が影響している時がある

最近、自分の用具は安定してきていて、弾みや打球感もほぼ一定なのだが、それでも毎回微妙に違うのは会場の状態（大きさ・空調など）、台の状態、気温、湿気が違うからだろう。

台の弾みということでは、自分には苦手な弾みの台がある。そういう台にあたったら勝てる気がしない。たとえば、2013年世界選手権パリ大会や2012年ロンドン五輪の時には勝てる気がしなかった。その時は中国の紅双喜の卓球台だったのだが、他の台と弾みが違う。特に世界イベントやワールドツアーで使われるメインコートの卓球台は特別だ。ボールが沈んだり、真上に跳《は》ねたりする。ナショナルチームの監督に「あの卓球台では卓球ができないから、同じ卓球台を買ってください」と直談判《じかだんぱん》してトレーニングセンターに買ってもらった。そして、実際にその台で練習をしていったら、最初はうまく打てなかったが、やっていく中でその台の弾みに慣れてきた。

4本脚の卓球台はボールのバウンドは安定しているけれど、世界イベントで使われる紅双喜のメインコートの台のように真ん中1カ所で支えている卓球台はやりにくいし、バウンドが変

最初は戸惑った紅双喜の卓球台は台の中央のみで支えている。世界イベントやワールドツアーでよく使われるが、練習をすることで慣れてきた

化する。だから自分が中国選手に勝っている時にはメインコートではないことが多かった。

全日本選手権では三英の卓球台が使用され、ボールが止まるのだが、あの台を自分は得意としている。このように、会場によって、卓球台によってボールの弾みが違うけれど、その特徴をつかむことが重要だ。会場が広いとボールは飛ばないし、狭いと飛ぶ。会場が暑いとボールはよく飛ぶが、寒いと飛ばない、ということも頭に入れておく。その繊細な部分は一般の愛好者には理解してもらえないと思う。もちろん弾むほうがやりやすいわけだが、会場に合わせてプレーするしかない。

湿気のある時にはとにかくラバーの両面を1球1球拭《ふ》くことしかできないし、汗や湿気に影響されないようにサービスを変えたりする。サービスを切る時はウェアにラケットがぶつかるために、サービスを切ることが難しいケースがある。また、会場の照明が目に入るために投げ上げサービスを出せないケースもある。加えて、台によっては回転量を抑えてサービスがワンバウンドで台から出ないようにしたり、長くなりがちな投げ上げサービスを使わないケースもある。今は経験を積んだ分、会場に合わせて、温度や湿気に合わせて、卓球台に合わせてサービスを変えたりする。

また、試合でスコアが競ってくるとサービスが長くなりやす

平成25年度全日本選手権大会の決勝。筆者が得意とする三英の卓球台が使用されている

い。世界卓球東京大会のオフチャロフ戦でも競《せ》り合った場面でサービスが長くなった。だから回転量を減らし、台から出ないサービスを心がけた。全日本選手権でも同じで、大会前半（火曜・水曜）で「台が止まるな……」と感じていても、金曜日あたりから弾んでくる感覚がある。もちろん、逆にその微妙な部分が気になって負ける時もある。ナーバスになりすぎるのは良くないが、無神経でいると、「あれ、練習では調子が良かったのに、会場に入ったら調子がおかしい」という事態になる。

会場、気温、湿度、卓球台によって卓球のボールの弾みは違うということを、意識に留《と》めておいてからコートに立つ。弾みはそれぞれ違うんだという感覚でボールを打って、いつもと違っても動じない。これが理想だ。

【トレーニングセンター】正式名称は「味の素ナショナルトレーニングセンター」。東京・赤羽にある総合トレーニング施設で、他競技も入っている。卓球のナショナルチームやJOCエリートアカデミーなどが練習施設として使用している。国立スポーツ科学センターが隣接され、トレーニングや治療、リハビリなども行っている

【世界選手権大会】1926年から開催されている卓球界の世界最高峰の大会。以前は2年に一度の大会だったが、2003年からは毎年開催となり、偶数年が団体戦、奇数年が個人戦を行っている

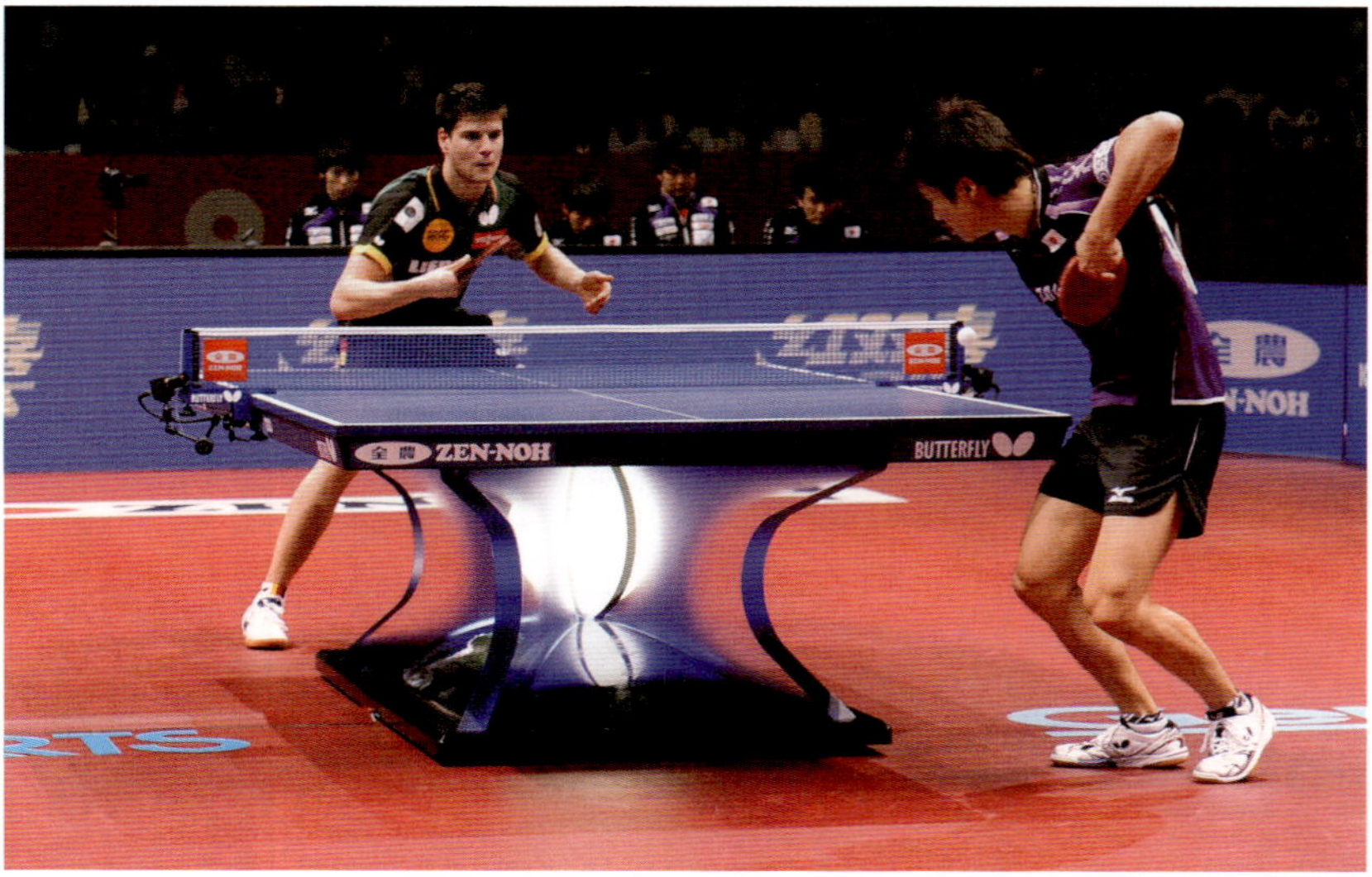

世界卓球東京大会でのオフチャロフ戦。サービスが長くなったが、途中から短くコントロールして勝利した

第4章
練習
PRACTICE

相手に合わせるようなボールを
送っていないか。
100%自分の練習と言えるのか

15

●─練習は何のためにやるのか

「基本」と「応用」を分ける意味はない。練習のための練習はやらない

自分の中では「基本練習」と「応用練習」を分けたことがない。練習メニューでは、最初にフットワーク練習を3コマくらいやってから、サービスからの実戦練習に入るのだが、自分の中で小さい頃から「基本」と「応用」を意識したことがない。

卓球の基本は大事。それはフットワークだったり、フォアハンド、バックハンドだったりするが、「練習のための練習はやらない」。毎日の練習は何のためにやるのだろう。答えは簡単だ。試合で勝つためなのだ。だから、試合で勝てるための練習を心がける。

練習で注意するのは、常に試合を想定すること。たとえば、フォア2本、バック2本のフットワーク・切り替え練習をするにしても、試合の時に自分が「一番嫌だな」というサービスを出してもらい、そのレシーブからフットワーク練習を始める。この2年間くらいはそういう練習に取り組んでいる。

実際には規則的な練習は試合の中ではあまり意味がない。相手の打球コースが規則的になることは試合ではないから、それを練習でやるのは体を温める、ウォーミングアップとしての役割しかない。それよりも、フォア1本、もしくは2本で、次にバックに1本、もしくは2本とか、3本、4本続いたらフリーにするなどの不規則性を入れた練習をするようにしている。

規則的な練習は、卓球を始めたばかりの人や、試合での凡ミスを減らしたいレベルの選手には有効な練習だが、トップ選手というのはミスしないのが当たり前だから、規則的な練習というのは意味のない練習なのだ。実際の試合では自分の打ちやすいボールがくることは少ない。だからこそ練習では「打ちづらい」相手を見つけて練習したほうがよい。

16
●─答えのわかるクイズはしない
やりやすい相手とは練習をしない。練習では「予測」と「対応」を鍛えよう

自分が練習する時に心がけているのは、卓球の幅を広げることで、そのためには自分の苦手な選手や、自分の嫌な球質を持っている選手とたくさん打つことが必要だ。日本のトップ選手でも、いつも自分の打ちやすい相手を選んで「練習のための練習」をする人がとても多い。これは自己満足に過ぎない。

練習とはあくまでも自分の幅を広げ、可能性を伸ばすことが目的だ。練習の目的は100の自分の力を110、120まで高めることだ。また、90しか引き出せない自分の力を91、92と高めていくことだ。それなのに試合になると、練習に比べてプレーが極端に悪くなってしまう人がいる。それはなぜなのだろうか。

試合になったらいろいろな相手と対戦し、いろいろな球質のボールを打つことになる。ところがいつも同じ相手と練習していると、相手が打つ前に何をやってくるのか、どんな球質なのかが予測できるようになる。

これは「答えがわかっているクイズを出される」のと同じなのだ。しかし、実際の試合では「答え」はわからない。自分の知らない選手、やったことのない選手というのは予測できない。自分がサービスを出すと「こんなレシーブをしてくるのか」という想定外のことが多い。だから、練習でもなるべくやったことのない人と練習をして、体験したことのないボールを経験すれば、それに対応しながら自分の幅を広げていくことができる。

私は小さい頃からこの考え方で練習していた。やりづらい人と練習をするとラリーはあまり続かないから楽しくないし、イライラする時もあるかもしれない。でも私はそういう練習が好きなのだ。わかっている相手とラリーを続けても何も楽しくない。知らない相手と練習をやって、知らないことをやられるとワクワクする。この練習を繰り返していくと、実際の試合で初めて受けるようなボールに対しても対応できるようになる。

逆に、普段同じ相手とばかり練習していると、慣れているからラリーも続く。しかし、実際の試合になると予測

外のボールが来るとうまく対応できないし、あわてたり、動揺したりすることが多くなるだろう。

初めて受けるボールへの対応力がついていけば、大会での取りこぼしが少なくなり、初対戦の相手に負けることもなくなる。

相手の送球コースがわかると先に動いたりできるので、気持ちよくラリーを続けることはできる。しかし、試合ではこういう状況はない
次はフォア♪
次はバック♪
カコッ
ササッ
カコッ

17

●—実は練習の半分は役に立っていない
相手に合わせるようなボールを送っていないか。100%自分の練習と言えるのか

講習会や練習会でいろいろなチームに行くと必ず感じることがひとつある。それは練習でブロックする人と打球する人が、あまりに相手に合わせて打球したり、動いていることだ。これだと実際の試合では役に立たない。実際の試合と同じようなスピードで動き、実戦と同じようなボールを送らなければ意味のない練習になってしまう。

「練習のための練習はやらない」「勝つための練習が必要だ」と考えるようになったのは、中学の時からで、特にドイツに行き、マリオ・アミズィッチから指導を受けるようになってからだ。

たとえば、ブロック練習をしていると「もっと強いカウンターを入れろ」と要求される。そう要求されるうちに、どういう時でも常に自分の練習だと意識するようになった。

日本の練習では、ブロックというと相手の打ちやすいところに送る習慣がある。だから、試合でも相手の打ちやすいところにブロックしてしまうことがある。打たれにくいブロックをしようとしても、練習していないとできない。練習では相手の打ちやすいボールを送り、試合では相手に打たれにくいボールを送るというのは矛盾《むじゅん》していないだろうか。それは練習の半分を無駄にしていることになる。

私は3時間やれば3時間すべてが自分の練習になるけど、普通の日本選手は3時間練習と言っても半分の1時間半の練習になる。マリオから言われるまでは自分もそういう日本の練習をしていた。

2005年当時、ドイツ・デュッセルドルフの練習。マリオ・アミズィッチと水谷（向こう側）

【マリオ・アミズィッチ】クロアチア出身のプロコーチ。ドイツの名門クラブ『ボルシア・デュッセルドルフ』でロスコフ（ドイツ）、サムソノフ（ベラルーシ）、メイス、そして松下浩二など多くの世界的選手を育て、コーチングした。全日本チームのコーチも務めた時期がある

18

●―日本の練習は相手にあまえている
練習では厳しいボールを送り、あまいボールは打ち込む。それが試合で生きる本物の練習だ

日本の選手も指導者も、もっと練習に対する意識を変えなければいけない。練習量をいくら多くしても日本の練習というのは実質は半分の効果しかないことになる。この長年の日本の習慣は変えることができるのだろうか。

中学生の時にドイツで実戦的な練習をして、日本に帰ってきて同じように練習したら先輩に「なんでオレの練習なのに、そういうことをするんだ。（カウンターのように）ボールを伸ばしたりするなよ」と注意されたこともある。ドイツなどのヨーロッパでの練習ではあまいボールが来たら、必ず打ち込むという約束事があるが、日本ではそういう時、相手の体勢が崩れている時にはわざとこちらも相手に気を遣《つか》うようにやさしいボールを送る。そこで打つと「何で打つんだよ、打つなよ」と注意される。そういう部分は日本の選手も指導者も絶対変えないといけない。練習者に合わせたボールを送るのは意味のない返球になり、練習の質が落ち、練習効果が低くなってしまう。二人が同時に練習すれば「練習相手」という考え方はなくなる。

吉田海偉さん（元全日本チャンピオン）と練習をする時、こちらがフットワーク練習をやると厳しいボールで回してくる。それは非常に良い練習になる。自分が取れないようなボールが送られてくるのだから、それを喜びに感じるような意識を持つべきではないだろうか。

ヨーロッパの練習では、不意にカウンターや厳しいボールを送ると指を立てて「Ｇｏｏｄ!」と言ってくる。そういう練習がお互いにとって「良い練習」であり、実戦的であることを彼らは知っている。気持ち良くラリーを続ける、あまいボールを送るやさしい練習が、良い練習ではない。常に試合を意識した実戦練習でなければいけないし、厳しいボールを相手が打ったら、「ナイスボール」と相手に声をかける気持ちが必要だ。ラリーを続ける練習が良い練習ではなく、難しいラリーを克服《こくふく》していくのが良い練習であり、卓球の醍醐味《だいごみ》ではないのだろうか。

19

決まり事の多い練習で、指導者が子どもの可能性をせばめていないか

●―「気持ち良い練習」と「強くなる練習」は違う

試合で勝つための練習は、気持ちの良い練習ではない。厳しいボールを送り合うことが試合で役に立つ「良い練習」であることを肝《きも》に銘《めい》じよう。

10本続いていたラリーが20本続くようになったら「強くなった」と思うのは大きな勘違《かんちが》いだ。20本続こうが30本続こうが、強くなることとは関係ない。

ラリーが続くことは初心者の段階では技術上達のひとつの指標になるかもしれないが、卓球のラリーではサービスを持ったら3・5・7球目で終わることが多く、レシーブになっても4・6・8球目で終わるケースがほとんどだ。10球続くというのは極々まれなことなのだ。一つひとつの技術の精度を高めることは重要だが、それはラリーを続けることとは別のものだ。

日本では決まり事の多い練習をするチームや選手がいる。

あるチームの練習に呼ばれて行った時のことだ。フットワーク練習の中で、A選手は相手の全面に不規則にブロック、B選手はフットワークという典型的な練習風景だった。しかし、不規則なはずのフットワーク練習なのに、ブロックするA選手は相手の打ちやすいところにブロックする。さらに3本以上は同じコースにはブロックしない。つまりB選手のバックへブロックすると必ず3本以内にはフォアへボールを回すから、A選手も条件反射的に動いている。

これでは練習効果が上がらない。ブロックも相手に配慮したボールなので厳しいボールではないし、カウンターしたりもしない。その時に選手には「これでは練習にならないよ」とアドバイスした。ところが、その時に横にいた指導者が「このレベルの子どもたちに、そういう練習をやらせてもいいんですか」と聞いてきた。子どもたちはある

程度の基礎ができていたので、「もちろん、やらせるべきです」と答えた。

このように指導者のほうが「この子にはまだ早すぎるんじゃないか」と考えてしまうことがある。実際には小さい頃から、練習者二人が同時に自分の練習をする意識を持つべきで、習慣化していけば難しくはない。ところが、選手も指導者も「それはまだできない」と思ってしまう。

指導者の固定観念や思い込みで選手の可能性をせばめているケースは少なくない。特に小さい頃から12歳までは神経系の発達する「ゴールデンエイジ」と呼ばれている。この時期に、どんどん予測や反応などを高める練習を取り入れるべきだろう。

【3球目】 卓球ではサービスは1球目、レシーブは2球目、次のボールを3球目と呼ぶ。3球目攻撃とはサービスを持って次に返ってきたボールを打ち込むことを指す。レシーバーはレシーブが2球目で、その次の打球は4球目となる

ドイツでの子どもたちの練習風景。小さい頃からラリーが続いたらフリーになる練習が多い

20

「2時間チーム」が「4時間チーム」に勝つために
2時間の練習を100%自分の練習にすればよい

中国の国家チームでは練習相手がつくので、代表選手クラスになれば100%が自分の練習だ。ブロック練習さえも自分の練習の中に組み込まれている。他の国の選手は同じような環境ではできないから、普段の練習でも3時間の練習は全部自分の練習にしたい。

ヨーロッパや中国では実力を最優先されるので、年齢は関係なく、「練習相手や練習時間はおまえが決めろ」と言われる。日本では年上の選手を敬《うやま》ったりする部分はあるけど、前述したように、「練習相手」として相手に気持ち良くボールを送るだけでは、練習時間と練習効果は半分になる。

「うちのチームは練習時間が少ない」と嘆《なげ》いている選手や指導者は、練習時間が100%自分の練習になるような工夫をすればよい。そうすれば従来のように4時間の50%(実質半分の)練習をしているチームに、2時間の100%(すべて自分の)練習をしているチームや選手が勝つことは十分に可能だ。環境のせいにしないで、練習内容を工夫することを心がければよい。

練習でもみんなが同じことをやる必要はない。選手は一人ひとりがプレースタイルも、特徴も、レベルも違うのだから、100人いたら100の練習があればよい。

卓球は得点を争う「ゲーム」だから、規則的な練習をやるよりは不規則な練習やより試合に近い練習をするべきだ。「練習のための練習」は意味がないから、「試合のための練習、試合に近い練習」になっているかを常にチェックしよう。

日本では練習でミスをすることが悪いと思われている。実際には卓球というのはいかに相手にミスをさせるかという競技だ。練習でブロックをしている時も、いかに相手にミスをさせるかを考えてブロックをしなければいけないし、攻撃しているほうはいかにその1本で決めるのかを考えてボールを打たなければいけない。

もちろんそれはその選手のレベルにもよる。卓球の初心者に難しいことを言っても無理だし、ラリーを続ける楽しさを知ってもらうのもひとつのやり方だが、ある程度ボールが打てるようになったら、試合のような練習、試合で生きる練習を課してやっていくべきだろう。

続けるだけの練習はつまらない。本来はどこに来るかわからないボールをうまく打ち返してこそ、卓球の楽しさを感じられるし、卓球の奥深いところに触れることになる。

常に練習相手をつけて、練習時間をすべて自分のために使える中国選手。質の高い練習を重ねて、樊振東（ファン・ジェンドン／写真）のように若手でも世界の舞台に躍り出てくる選手もいる

21

●ラリーを続けることが第一ではない

「得点を狙うための練習」が重要。「ただ入れるだけの練習」は意味がない

日本人は「基本練習が大事」とよく言う。日本で言う基本練習は、フォアハンドだけでラリーを続けるとか、1本ずつの左右のフットワークのことを意味しているのかもしれない。ヨーロッパでは、ずっとフォアだけやるということはなく、フォアとバック2本ずつの切り替えとか、ミドルを打って、その後フォアかバックへ送る→途中からオール（全面）というのが、いわゆる基本練習で、子どもたちもよくやっている。

日本は「基本練習＝ラリーを続ける練習、フットワーク練習」であって、ヨーロッパは「基本練習＝オールラウンドな技術を身につける練習」という考え方の違いを感じる。

日本のフットワーク練習の問題点は、ラリーを続けることを重視している点だ。ミスを恐れずに全力で打つことを第一にすべきだ。私はフットワーク練習をする時でも1球目から試合と同じように、絶対ミスをしないつもりで、かつ全力で打っている。続けることが目的ではない。全力で打っている打球の精度をあげようとしているのだ。全力で打てばミスをする可能性は増える。ただし、絶対にミスしてはいけないという緊張感で打

練習ではミスを恐れずに全力で打ち、全力で打つボールの精度を上げていく筆者

つように心がけている。

練習の時から得点を狙うようなボールを打つ。相手コートにただ入れるようなボールは打たない。もし他の選手と自分の練習が違うとしたら、「得点を狙う」と「ただ入れる」という気持ちの差かもしれない。

たとえば相手の練習でこちらがブロックという練習がある。何本か続いたらオール（全面）になるのだが、オールになる時のボールは全面に打ってもらい常に自分が不利な状態からラリーが続くようにしている。試合ではどこに打たれても無意識に対応できなければいけない。そのための練習なのだ。

【全面・オール】半面というのは卓球台の半分、全面とは卓球台の全部を言い、オールとも言う。「オールに打つ」という意味は、相手の全面に試合のように好きなように打ち込むことを言う

【オールラウンド】様々な技術をまんべんなく使うこと。死角のない選手をオールラウンダーとも言う。まさに筆者はオールラウンダー選手だ

ドイツのナショナルトレーニングセンターで練習する高木和卓（左）とズース（ドイツ）。ヨーロッパの練習は最初は規則的でも、ボールをオール（全面）に送ったあとにフリーになる練習が多い

22

多球練習

多球練習でも最後はフォアハンドで決める練習が多い

私が2013年から指導を受けている邱建新《チウ・ジェンシン》コーチ（『フリッケンハウゼン』監督で、現在は水谷隼プライベートコーチ）が作るプログラムはフォアハンドの練習が多い。多球練習でも一球練習でも、最後はフォアハンドで決める。世界のトップレベルでは最後はフォアハンドの強い選手が勝てる。トップ選手でフォアハンドの弱い選手はいない。自分自身を考えても、フォアハンド系の練習をやることが多い。ただし、それは「自分の長所だから重点を置く」ということだ。

中国の馬龍でも許昕でもフォアハンドが相当強いし、許昕に至ってはオールフォアに近い形で試合をする時もある。張継科やオフチャロフなどはバックハンドが強いから目立たないだけで、フォアハンドも相当強い。最後に頼るのはフォアハンドなのだ。バックハンドがフォアハンドをサポートすることはあっても、フォアハンドのほうが安定するし、どこにでも打てるという利点がある。

多球練習では自分の好きな練習メニューができる。好きなペースで好きな時間にできるし、練習相手を気にしなくてよい練習だ。邱コーチがやる多球練習はきつい。終わりが見えずに、どこまでも多球練習が続く。限界に挑戦するような多球練習だ。もうできないと思っても、また次の日も多球練習をやり、また次の日も続いていくとそれが当たり前のようになり、身体も順応していくのだ。最初にフットワークから始まり、ヘトヘトになってからフォアとバックの切りかえ、その後、台上プレーへと移っていく。

2014年ワールドカップでの筆者と邱建新コーチ。邱コーチの練習はハードだが実戦的。試合では具体的なアドバイスが多い

23

●—練習に対する選手と指導者の意識を変えるべきだ

練習と訓練によって身体は無意識に反応するようになる

選手としての最終目標は、試合中に無意識に身体が反応すること。無意識に足が動いている、ブロックしていても無意識に身体が反応してカウンターできる。気がついたら無意識に身体が反応し、スイングしてボールを打っていた、というところまで練習を繰り返していくことが重要である。

今の自分はそれに近い。あまいボールに対しても無意識に身体が反応してカウンターしている。それがここ3年間でできるようになってきたのは、そういう練習をするようになったからだ。「才能」で身体が反応するわけでなく、訓練によって身体は反応するようになる。

自分にとって練習をやっていて一番困るのはあまいボールしか送ってこない選手。全部カウンターできるから練習にならないのだ。

水谷隼の《ブロックからのカウンタードライブ》

できるだけ、自分の嫌なコース、嫌なボールを送ってくれる相手と練習をしたい。前述したように、ただ気持ちの良い練習は、練習の効果がないと思ったほうがよい。

ミスしないから、ラリーが続くようになったから勝てるかと言ったら、それでは勝てない。もしそういう意識を日本のトップ選手が持っているとしたらどうだろう。日本は永遠に中国には勝てない。トップ選手の意識が変わらないと日本は勝てないし、日本の指導者の考え方も変わらないといけない。言い方を変えれば、指導者の価値観が「ラリーが続き、ミスをしない」ところにあるから選手は変わらないとも言える。練習の時でもボールを打っている両者に厳しい要求をするべきだ。「なぜ相手の嫌なところを突かないのか」「得点を狙える好機は逃さないで打ち込め」という要求を選手にしてほしい。

日本の子どもたちは有望と言われていても、根本が変わらないと日本の卓球界全体は変わらないだろう。

馬龍のバックドライブに対してブロックで反応する筆者（①〜⑤）。直後に台と距離を取り、相手のバックドライブ連打をカウンタードライブで狙った。無意識で身体が反応しているブロックからカウンターの連続技である

24

●―練習のやり方は国によって違う

反復練習が多く、練習量も多い日本。短い練習時間で100％の集中力で行うヨーロッパ

練習に対する私の意識というのは、ジュニア時代にドイツへ行って変わった。当時からコーチのマリオやヨーロッパの選手にも「日本の練習のやり方はおかしい。規則的で、フットワーク練習が多くて試合で役に立たない」と指摘されていた。フットワーク練習でも他の練習でも、なるべく早い段階で全面にフリーになる練習をすることが重要だというのが、彼らの考え方だ。

練習のやり方というのは国によって違う。中国のやり方、ドイツのやり方、他のヨーロッパのやり方、そして日本のやり方は全部違う。

日本の練習は、フットワーク系が多くて、規則的な反復練習が多く、練習量も相当多い。日本の良い部分は、選手のモチベーションが高く、勤勉な練習態度という点だろう。ヨーロッパでは疲れたら「もう練習は終わり」とやめる。彼らは100％の集中力がなかったら練習をやる意味がないと思っている。日本人はそういう時でも自分を追い込むような真面目《まじめ》な選手が多いし、言われたことをキチンとやる。たとえばコーチが「この練習をやるぞ」と言うと、日本選手は従うが、ヨーロッパの選手はやりたくない練習、納得しない練習はやらない。また、彼らの練習時間は短時間で、集中してやるのが特徴だ。

プロの環境が整っていて、勝つにしても負けるにしても結果はすべて自分に降りかかってくる。ヨーロッパのクラブでは、練習していなくても勝てば評価されるし、いくら練習していても負けると評価されないのだ。とにかく実力で評価されるからわかりやすい。ところが、日本では結果よりも、その選手の練習態度や人柄を評価する傾向がある。

ドイツに卓球留学していた2005年当時、16歳の筆者。自分が探していた練習がそこにあった。この時期に急激に強くなった。ヨーロッパのトップ選手が集うデュッセルドルフの練習場で、実戦的な練習に励んだ

25

「自分がやりたかった練習はこれだ」

ブロックする選手も自分の練習だと思わなくてはいけない

ヨーロッパでは規則性のある練習は少なく、途中から不規則（ランダム）な練習になる。その代わり、練習時間は短いが集中力が高く、自分のミスに対して責任を持っていて簡単なミスはしない。また、相手に気を遣ってボールを送るというような練習はしないし、すべてが自分の練習と考える。だからブロックしながらも途中からフリーにする。

日本ではブロックする側は練習している相手に気を遣いながらボールを送ることが多い。たとえば、なるべく練習者が打ちやすいところにブロックするとか、ミスして「すみません」を連発する人もいる。

それはおかしくないだろうか。ブロックするほうも自分の練習だと思わなくてはいけない。だからブロックは試合で使うような厳しいブロックをするし、良いブロックが入ったら次のボールを自分が打っていくという意識を持つべきだ。

初めてドイツに行った時に、彼らのやり方に面食らうことはなかった。逆に、「これだ！自分が求めていた環境はこれだ、自分がやりたかったのはこういう練習なんだ」と感動した。正直に言って、ドイツに行く前の自分は「このままでは自分はつぶれてしまう、自分は日本で埋《う》もれる器《うつわ》ではない」と思っていた。だから海外でやりたいとずっと思っていた。中学2年で行ったのは年齢的に早くて苦労もしたけど、結果として良かったと思う。ドイツに行って4年目に全日本選手権で優勝することもできた。

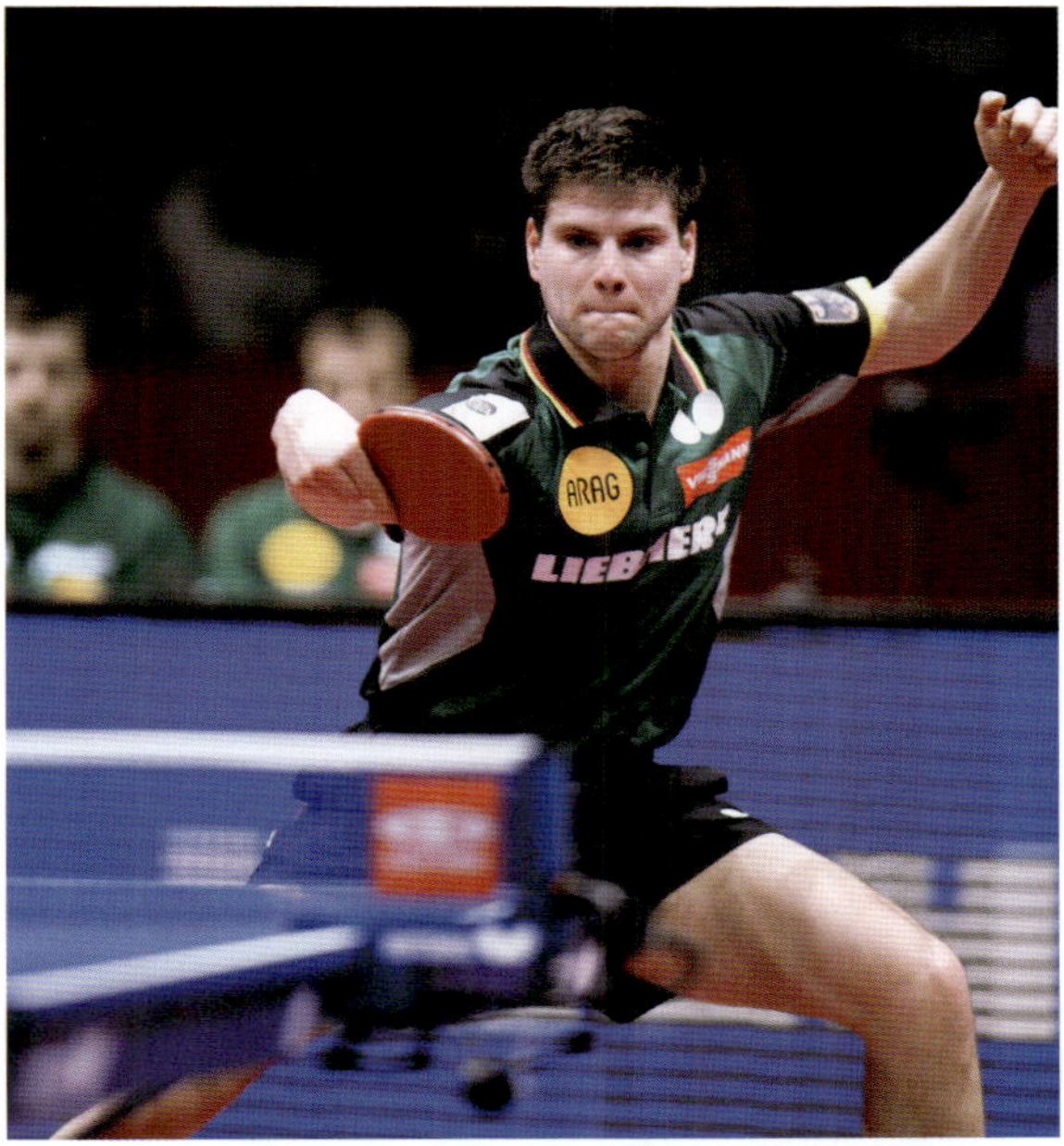

ヨーロッパでは相手の打ちやすいところへブロックするという考えはない。ブロックも自分の練習だ。写真はオフチャロフ（ドイツ）

中学2年でドイツに渡り、4年目の17歳の時に、全日本選手権で大会史上最年少の初優勝を果たした筆者

26

●—名門校の長時間練習

日本では、私は練習で手を抜いていた。頭を使うハイレベルな練習を4、5時間もできない

日本のナショナルチームの練習は以前とは変わってきていると思う。日本のトップ選手が海外でプレーすることによって、ナショナルチームの練習も変化している。ところが、ナショナルチーム以外の一般の選手はそういう練習を見ていないので、ずっと同じような練習になっているのかもしれない。

たとえば、名門校の練習は長い。私の中高時代、日本で練習をやる時は正直に言えば手を抜いて練習をしていた。なぜそうしたのか。

理由は簡単だ。手を抜かなければ4時間、5時間という長時間の練習がこなせないからだ。集中力も体力も続かない。中学生や高校生とは言え、練習はそれほどたくさんはできない。ハイレベルなラリーが続き、頭を使った練習をしたら、連続して4時間も5時間も練習はできない。だから手を抜くことを自然に覚える。

長時間練習でも手を抜けない選手もいる。それは性格的に生真面目《きまじめ》な人だからかもしれないが、頭を使っていないケースがほとんどだ。言われたことをただやるだけで、頭を使わないから4時間、5時間の練習ができる。

また、練習が単調だったり、同じことを繰り返す練習ではなおさら集中力が続かない。卓球ほど、複雑で知的なスポーツはないのに、練習内容が単調だったり、反復練習ばかりでは「実戦で生きない練習」になる。

27

●―自己満足の朝練習は必要ない

疲れた状態ではなく、100%集中できる状態で練習をするべきだ

中学時代、高校時代、そして今も感じるのは、疲れていたり、眠かったりする中でやる練習は逆効果にしかならないという点だ。自分の経験で言えば、そういう状況ではむしろ練習をやるべきではない。やっても強くならない。日本には朝練習というのがあるけれど、これも指導者や選手の自己満足だと思う。朝の6時に起きてランニングする、サービス練習をするというチームもあるが、その意味がよくわからない。実際の大会では、朝の7時、8時から試合を始めることはない。せいぜい早くて9時だろう。また試合の時に、眠い状態でプレーしたり、疲れた状態で試合を始めるということも少ない。選手は大会に向けて調整するのだから、肉体的には疲れていない状態で試合を迎えるはずだ。

朝練習とは「自分は朝早く起きて頑張ったんだ。人一倍練習してきた」という選手と指導者の自己満足ではないのか。日本の練習時間はただでさえ長いのだから、朝はゆっくり休ませるほうが良いのではないか。

練習の量は質に転化する、という考えが日本にはある。それは正しいかもしれないが、もう少し合理的な考えで選手の身体や集中力のことを考えてほしい。

もし、自分が学校の指導者だとしたら、学校へ行っている場合なら4時で授業が終わって、1時間か1時間半休んだ後に、2時間半から3時間練習をやる。あとは自主練習にすべきだ。やりたい人がやればいいし、それで十分だと思う。1日練習できるならば、朝は9時半から2時間半、その後3時間ほどの休憩を入れて、午後に2時間半の練習で十分だと思う。

28

●──集中できないと思ったら練習を休むべきだ
指示されるのではなく、自主的、自発的な練習をやってこそ強くなれる

私自身、今はロシアに行っても午前に1時間半、午後に1時間半くらいの練習しかやらない。ただし、その練習効果を最大限にするために、「疲れていない、故障はない、眠くない」という最高の状態で練習をやる。なおかつ、自分の限界まではやらない。100％の状態でやってしまったら、次の日まで回復しないことを知っているからだ。回復できるぎりぎりのところで抑えていく。

私自身、限界まで頑張る時もある。それは自分で身体のコンディションも考えつつ、追い込んで練習をしたいという自発的な気持ちがある時だ。誰かに指示されて限界まで追い込むことはない。あくまでも、自分が自分に聞いてみて、「今日はいけるか」と問い、身体と心からGOサインが出たら追い込んだ練習をやる。当然、そうすれば次の日に疲れは残るが、全日本選手権など長期にわたる試合では疲労がたまっていくケースもあり、そういう状況を想定して追い込んだりもする。

もし、疲れていたり、今日練習をやるのは良くないと感じたら、練習は休んだほうが良い。そういう時に無理をしても練習効果はないし、ケガや故障をしたりするからだ。

高校の時に恐ろしいほどの量の練習をやって、厳しく指導された選手たちが大学に入って練習をやらないというケースをよく見る。それは無理もない。彼らは高校時代に自主的に練習をやっていないからだ。

高校の時に自主的に練習をやる習慣がない、自分で考える習慣がない選手は大学やプロチームに行っても難しい。なぜなら大学やプロチームとは誰かが指示をするのではなく、自主的に練習する場だからだ。練習をやりたくない人はやらなくてもいい。練習というのは、本当は自主的に、自発的にやるのが最も効果があるのだ。命令されてやる練習は効果が薄い。

29

「練習のための練習」と「試合で勝つための練習」

勝つためにはサービスとレシーブを練習し、次に3・4・5・6球目と練習していく

「練習のための練習」と「試合で勝つための練習」がある。卓球の試合というのはサービスから5球目まで、レシーブから6球目までで得点が決まるケースが圧倒的に多いのだから、練習をそこに集中させるほうがより実戦的なものになる。サービスとレシーブを徹底してやるのが「試合で勝つための練習」であり、試合で使わないことを練習するのが「練習のための練習」だ。

試合で勝つための最短距離の練習はサービスとレシーブの練習。ただし、相手に返されるから3球目と4球目の練習をする。それも返されるから5球目と6球目の練習もするという考え方が試合で生きる。

最近のナショナルチームでは乱打して、次にフットワーク練習をやるという時には、必ずサービス、レシーブからフットワーク練習に入る。「サービスをフォア前に出して、それをここにレシーブするから、そこからフォア2本、バック2本のフットワーク」というやり方をする。

指導者も選手も苦しい練習をしないと勝てない、疲れる練習でなければ勝てない、という思い込みがある。「やっている感じ」「頑張っている感じ」を指導者も選手も求めている。それは自己満足であって、試合で勝つこととは意味が違う。練習で汗をかくにしても、体の中から汗が出てくるような練習でないといけない。表面的な汗ではない。私が馬琳や馬龍と練習をすると、緊張感で2、3分くらいで体の中から汗が出る。国内なら私と練習をする選手はそういう汗をかくかもしれない。良い練習、身になる練習というのはそういう緊張感でやる練習であり、普段からそういう緊張感のある練習をすれば強くなるのだ。

練習の中でのチェックポイントは打球フォームとタイミングだ。来たボールに対して自分のポジションで打てているのか、自分の思ったところにボールが飛んでいるのか、しっかりと頂点でボールをとらえているのかを確認する。

ナショナルチームで練習する筆者。海外リーグを経験している選手が増え、練習のやり方も以前と違ってきた

第5章
技術
TECHNIQUE

練習の中で強いボールを打ちながら、
その精度を上げる努力を
することが重要だ

30

●―フォームを気にしすぎるな

100人いたら100のフォームがある。フォームに「正しい答え」はない

講習会やチームの指導に呼ばれた時に感じることだが、日本の指導者はフォームやスイングを非常に気にする。「どういうフォームで打てばいいのか」という質問をされることが多い。

しかし、実際にはフォームのことをさほど気にする必要はない。その選手の打ち方はある意味、すべてが正しい。100人の選手がいたら100の打ち方がある。世界のトップ選手を見ても、同じフォームで打っている選手はいない。

ところが、日本の指導者はフォームや形を非常に気にする。それを小さい頃から言われているので、選手も気にするようになる。卓球雑誌などを参考にしている証拠かもしれないが、私からすれば、「気にしすぎ」なのだ。フォームやスイングに答えなどない。

だから講習会に行って、子どもの打ち方へのアドバイスを求められても、彼らの打ち方を否定はしない。ただし、「ここをこうしたらもっと良くなる」という修正はする。

2014年ワールドカップで大活躍したナイジェリアのアルナも個性的なフォームの持ち主だ

独特なフォームで打球するドイツのボル。強烈な回転量のドライブを打つことができる

31

●―フォアハンドとバックハンドの基本打法

打球点を下げない。フォアは流れるように、バックはフィニッシュで止める感じで打つ

基本打法では台との距離を取りつつ、打球点は下げずに頂点前、頂点で打つことを心がけよう。今の卓球は速いので、足のスタンスは台のエンドラインに平行にして、かつできるだけ広めに取る。フォアハンドはニュートラル→インパクト→フォロースルーが流れるようにスイングしていく。振ったら、顔の前を通るように戻すイメージだ。手だけではなく、足、腰というように身体全体でスイングする。バックハンドはバックスイングを高めに取り、上から下へ攻撃的に振るイメージを持とう。

打球点を落とさず打つことがポイント。流れるように一連のスイングを行う

水谷隼の《フォアハンドの基本打法（ドライブ）》

バックスイングの位置を高めにして（2）、コンパクトなスイングで打球する

水谷隼の《バックハンドの基本打法》

32

●―威力の出るフォアハンドの打ち方

巻き込みのフォームではなくオープンフェイスで打ったほうが威力が出る

世界のトップ選手はフォームは一人ひとりが違っても、共通している部分はある。たとえば、フォアハンドで巻き込んで打つ選手はいない。共通しているのはラケットフェイス（ラケット面）を開いた状態で打球すること。講習会などでそういうアドバイスをすることはあるが、「このフォームで打ちなさい」と修正することはない。

フェイスを開いて打ったほうがいろいろコースに打てるし、威力も出ると実感しているが、巻き込みのフォームでは同じコースにしか打てない。プレーしている実感としては、ラケットフェイスを開いた状態のほうが、打球を弾《はじ》くような打ち方になっているために威力が出るように感じる。

フォアハンドでも最近考える打ち方は2種類あって、ひとつは前腕中心で振るスイング。時間的な余裕がない時に使うもので、あまりバックスイングは取らない。もうひとつは大きめにバックスイングを取るスイングだ。両方とも長所、短所があるので、うまく使い分けたい。

水谷隼の《巻き込み式のカーブドライブ》

巻き込み式のカーブドライブはボールの威力はないが、相手を大きく動かすことができる

水谷隼の《オープンフェイスで打つドライブ》

ラケット面を開いた状態にして打つ。ボールを強く弾く感覚がある

33

バックハンドの大小のフォームの使い分け

低い姿勢を維持しながら身体の正面でボールをとらえ、安定させる

バックハンドも大小のフォームが2種類あって、ひとつは手首を使う打ち方、もうひとつは大きなスイングでの打ち方だ。練習では両方を試している。バックハンドは低い姿勢を維持しながら、体の正面で打球して安定させるようにしている。

小さい頃からバックハンドを振っていたけれど、やはりプレーの軸になるのはフォアハンドだった。今の子どもたちを見ると、自分の小さい頃よりもバックハンドはうまい。ただし、気をつけなければいけないのは、バックハンドはうまくなっているがミスも多いことだ。加えて、「今のボールはバックハンドでなくて、フォアハンドで打てば決まったのに」というボールまでバックで打っているケースが非常に多い。

トップ選手でバックハンドがうまい選手と言われる人でも、見ていると「今のボールはフォアで打つべき」というボールまでバックハンドで打ってミスしたり、相手にとってチャンスボールになったりしている。試合全体で言えば、バックハンドは確かに強力な武器になることもあれば、頼りすぎてミスすることもある。フォアハンドのほうが確実に決められるので、フォアでもバックでもどちらで打っても大丈夫というボールは、私は100%フォアで打っていく。それが確実に得点になるからだ。

水谷隼の《手首を中心としたバックドライブ》

インパクトは身体の正面。早い打球点でボールをとらえ、手首を中心にスイング

水谷隼の《大きなスイングでのバックドライブ》

バックスイングを大きく取って、身体のやや右側（左利きの場合）で打球する

34

●アグレッシブなスタイルを作り上げる
練習で強いボールを打ちながらその精度を上げていく努力

中学2年生でドイツに行く時までは、バックはブロック、フォアはドライブで、フットワークを使ってプレーするというスタイルと自分では思っていた。ところが、中学2年当時の全日本選手権の映像を見ると結構バックハンドを振っている。その後に青森山田中で練習するようになってからフットワーク練習が増え、プレースタイルも変化したのだが、ドイツに行ってからは、バックハンドの練習が確実に増えている。

2012年のロンドン五輪が終わってから、自分ではより攻撃的なプレースタイルを心がけている。以前よりもミスを恐れないようになっている。練習でも試合でも強いボールを打って入る人は、弱いボールを打っても入るのだ。しかし、弱いボールばかり打っている人が急に強いボールは打てない。

練習の中で強いボールを打ちながら、その精度を上げる努力をすることが重要だ。そして、アグレッシブ（攻撃的）なプレースタイルを目指す。昔は弱いボールの精度を上げながら、徐々に強いボールにしていこうというやり方だったが、結局それでは試合で緊張したり、ビビった時に強いボールは打てない。練習で強いボールを打つことに慣れておけば、試合で多少緊張したとしても入るはずだ。

2012年ロンドン五輪以降、より攻撃的なバックハンドに取り組んでいる筆者

35

狙ったところ〝4センチ〟に打ち込む感覚

●―スイングのチェック

スイングのチェックは常に行う。フォアでもバックでも、自分の思っている適正なポイントで打球することを心がける。つまり、自分にとってベストのポジション（位置）で打てているか。そのベストポジションとは打球が安定していて、打球に威力を出しやすい位置、つまりパワーポジションであり、それを常に練習で意識することが大切だ。

スイングスピードを考えたことはあまりない。ただボールのスピードを上げたい、回転量を上げたいとは考える。ボールのスピードを速くしたいなら単純にラケットを重くすればいい。軽いラケットではボールの威力は出ないからだ。トップ選手のラケットというのは、通常185g前後だから、それ以上軽くならないように気をつけたり、腕だけで打ってもスピードや回転は上がらないから、体全体や腰を使って振ることに注意する。そういうことを意識すればボールの威力（スピード・回転）は上がる。

自分に合ったスイング（振り方）、フォーム、打球感覚は意識している。良い時の感覚は忘れないように努めるけれども、実際にはその感覚は日々変わっていく。今日は良くても明日はダメということがある。それでも常に練習で意識して、その感覚を求めていくことが重要だと思う。

それぞれの練習場、試合会場の環境や台の弾み、用具の状態、自分の体の状態で常に感覚が変わる。今日は非常に良い感覚で打てたからずっとこの感覚で打ちたいと思っても、絶対にそうはいかない。しかし、良い感覚をつかんだと思ったら、その感覚を忘れないように努めることは大切なことだし、感覚がずれたら常に修正するという作業を行っていく。

その日の感覚の良《よ》し悪《あ》しというのは、ボールがラケットに当たった瞬間の感触やボールの飛びや軌道でわかる。良い感覚のある日には、自分の狙った直径4センチ（ボール1個分の大きさ）のところにボールが飛んでいく。

36

●―フットワーク

試合で規則的に動くことはない。試合で使うフットワークを練習しよう

フォア2本、バック2本のフットワーク、もしくはフォア1本・バック1本の左右のフットワークの練習は、日本でもよく見る練習だ。

しかし、考えてほしい。

そのように規則的に左右に動くのは試合ではあり得ない。試合の中で、どこにボールが来るかわからない状態の中できれいに動くことはできないのだ。それならば、左右に動くのは足を動かす訓練として行い、4、5本続いたらフリーにする練習が良いだろう。

試合であり得ない練習に時間を長く費やすのは合理的ではない。何十本も続けるラリー練習は試合では役に立たない。

自分自身、小学生の頃に1000本ラリーなどをやった経験はある。「これだけ続いたんだ」という満足感を持ったことを記憶して

いるが、これは小学生低学年まで。卓球を始めてすぐの子どもたちに達成感を持ってもらうための練習だ。

【フットワーク】 文字どおり、足の動き。前後への足の動き、左右への足の動き、大きく動く時に足を交差させる動き、打球する際の微調整の足の動きから大きい動き、または動いた後に戻る動きなどを総称して「フットワーク」と表す

水谷隼の《フットワーク》

フォアサイドを連続して突かれた時のフットワーク。大きく動いた後も体勢は崩れず、すぐに次のボールへ対応できている

37

3分の2面でのフットワーク
3分の2面に不規則に送球してもらい突然バックをついてもらい対応する

普段の練習では3分の2面でのランダム（不規則）フットワーク練習はよくやる。この練習は動きそのものも重要なのだが、バックへ不意に送られた時にいかに対応できるのかが肝心《かんじん》だ。

たとえば、相手が右利きなら自分のフォアから3分の2面でフットワークを行い、急に自分のバックを突いてもらう（下図A）。逆を突かれたようにバックハンドで返すのか、それともバックハンドで強打できるのか。体が無意識に反応してバックで強打できるようになったら本物だ。

この練習を始めた時には、急にバックを突かれると対応できなかったが、今はバックを突かれても自然に対応できる。この練習を繰り返し行えばそこまでできるようになるし、小さい頃からやっておくべきだ。

「小さい子どもには難しい練習だ」とは思わないほうがよい。いわゆる「ゴールデンエイジ」と呼ばれるように、神経系の発達は12歳までに形成されると言われる。つまり、小さいうちにしっかりとランダムの練習で神経を鍛える必要があるのだ。

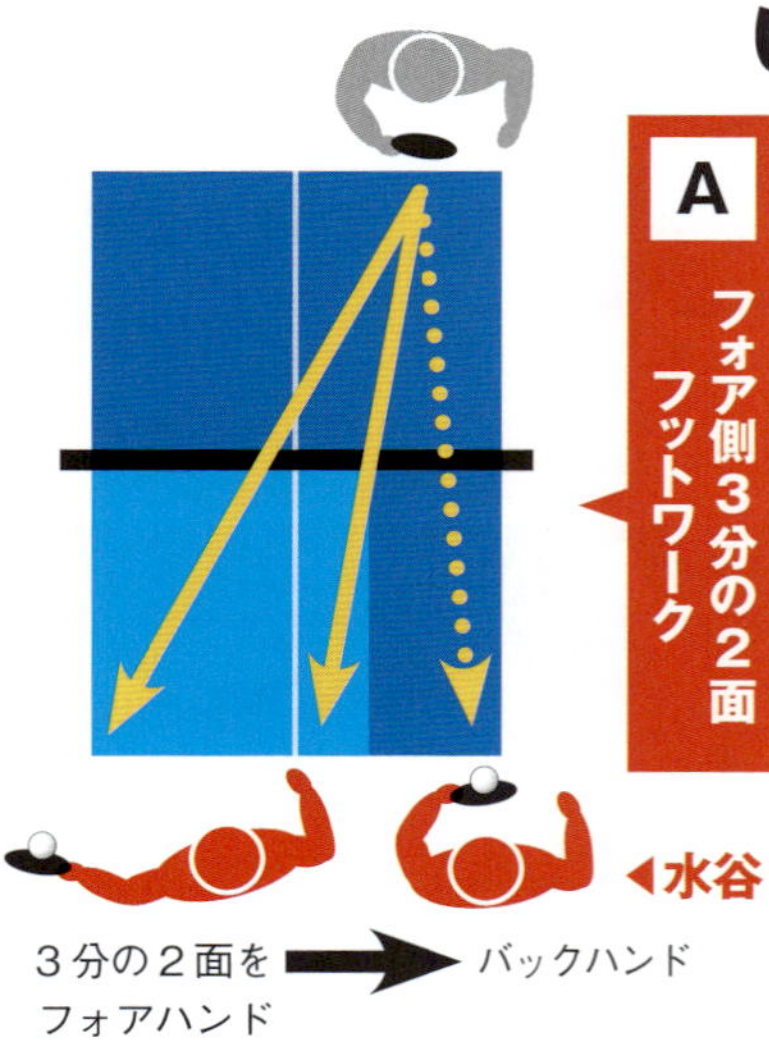

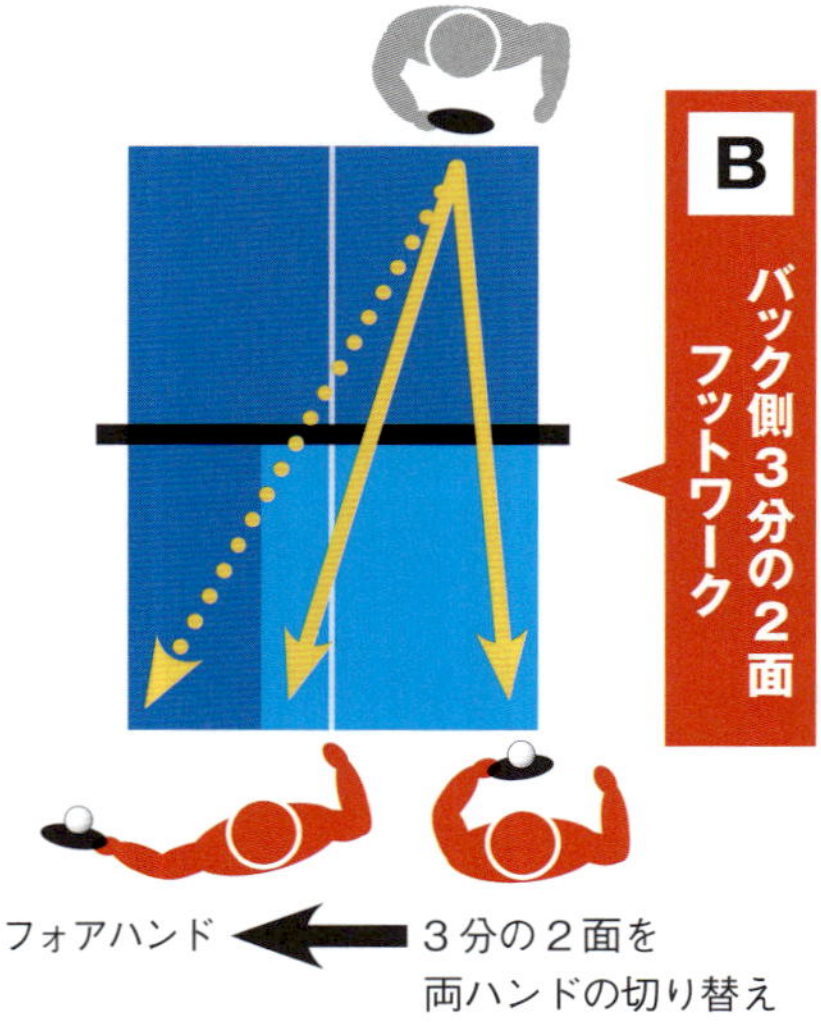

38

●──難易度の高い3分の2面でのフットワーク

3分の2面ランダムを両ハンドで対応し、ミドルをフォアで打つ

卓球の練習では、コースがわかっているボールを繰り返し打つことにはあまり意味がない。コースがわからない状況を作り、その中で練習をして、反応を高める必要がある。

たとえば、3分の2面でのフットワークの場合、通常相手（右利き）のバックへ打ち、自分のフォアサイドからの3分の2面で動く（右ページ図A）。ところがバック側の3分の2面で両ハンドで対応すると途端に難しくなる（図B）。

Aの練習は自分のフォアからクロスに打つことが多いから難しくはない。ところがBの練習になると、バックサイドからフォアを打つ時にはストレートに打つようになり、難易度も上がり、相手の返球も速くなる。またこの練習をフォアだけで動いて打つと難しくはないが、両ハンドで対応するとなると、フォアミドルの処理が難しく、難易度が上がっていく。なおかつ不規則に自分のフォア側を突いてもらうとさらに難しい練習になるし、より実戦に近づく練習となる。

今はAの練習よりも、Bの3分の2面練習のほうが多い。Bの練習はフォアで打つのかバックで打つのかの判断が難しい。Aの

実戦ではミドルを突かれることが多い。ミドルのボールに対応できる練習が重要だ

水谷隼の《ミドル処理・フォアドライブ》

場合、ある程度自分はフォアで打球するというのがわかっている分、難易度は低い。

特にバック側3分の2面フットワークをしている時に自分で気にしているのは、ミドルに来るボールへの対応だ。この練習は両ハンドで対応するので、ミドルに来るとどうしてもバックハンドで対応したくなってしまう。そのほうが楽だからだ。しかし、練習の中では意識してミドルのボールをフォアハンドで回るようにしている。試合ではミドルをフォアで回らないと勝てないから、練習でもそこは意識しなければいけない。同時に、この練習ではフォアを急に突かれてもいいように準備をする。

【ミドル】自分の利き腕側で打つのがフォアハンド、その逆はバックハンド、そして真ん中のことを「ミドル」と呼ぶ。台の真ん中部分を指してミドルと言う時もあるが、「相手のミドルを狙う」と言う時には相手選手の身体付近のことを指す。相手は常に動いているので、その動いている身体の真ん中の部分だ。フォアハンド寄りのミドルを「フォアミドル」、バックハンド寄りのミドルを「バックミドル」と言う

水谷隼の《フォアとバックの切り替え》

フォアに来たツッツキをドライブ。
バックに来たボールに対して、攻撃的なバックドライブで攻めていく

39

●—低い姿勢がパワーポジション

低い姿勢を維持し、身体の上下動を防ぐことでエネルギーのロスをなくす

子どもたちの練習を見ることがあって、動き方をアドバイスする時には「姿勢を低くして打とう」と言う。そのほうが速く動ける。姿勢が高すぎると、左右に動く時に体が上下動してしまい、時間とエネルギーをロス（損失）してしまうので、なるべく低めの姿勢で打球できれば、エネルギーをロスしないで動ける。

練習でも試合でも姿勢を低くすることは意識する。実際には、疲れてくると姿勢はどんどん高くなる。いわゆる棒立ち状態だ。だから、疲れている時にこそ姿勢を低くすることを心がけている。

卓球というのは、基本姿勢を維持するために、それなりに筋力も使う。疲れてきて、その筋力さえも使えなくなると棒立ちになる。常に基本姿勢を維持するのは大変なことで、身体を回復させるためにボール拾いがあると思ってよい。だからこそ、練習で疲れてきた時にこそ姿勢を意識する。普通の選手は、筋力がないから姿勢を低くできない。フォアに飛びついた時でも疲れていると体が浮いてしまい、戻りが遅くなることがある。年齢を重ねてくると、いかに基本姿勢をキープするのかという部分が技術よりも重要になる。

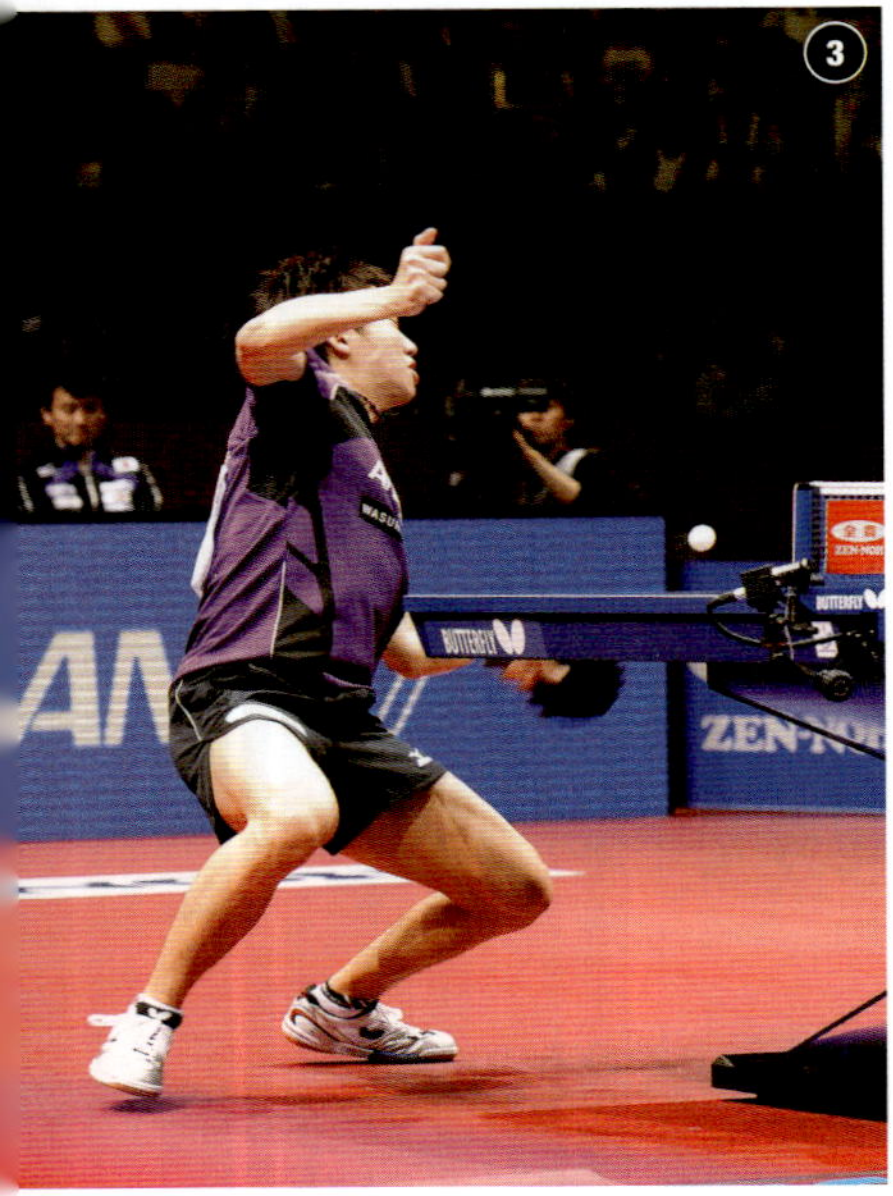

短い下回転のボールに対し、姿勢を低くして打つフォアドライブ

水谷隼の《低い姿勢を維持した打球》

40

●—サービスの効かせ方

サービスのうまい人は、相手の心理を読む人

サービスにしてもレシーブにしても、相手の待ちをはずすことは常に意識する。

私自身はサービスで得点しようとはしていない。サービスは攻撃のひとつの起点だと考えている。サービスの変化がわかりづらいのはもちろんだが、そのサービスの配球が他の人よりは優れていると思う。

たとえば、下回転を出して相手がミスしたら、たいていの選手は次に上回転系を出す。私は下回転で相手がミスしたら次にもう一度下回転を出したり、もしくは全く違うサービスを出す。通常の横下回転が効いたら、次に違うモーション、たとえばYGサービス（逆横回転系）でもう一度横下回転を出したりする。

サービスがうまい人というのは、回転そのものというよりも、相手の心理を読むのがうまい人だ。当然、サービスの回転量もある程度必要になるが、いくら回転が強くても変化がわかりやすいものなら、レシーバーが返すことは難しくはない。それよりも相手の待ちをはずしたり、相手の心理を読みながら出すこ

水谷隼の《YGサービス》

とが試合では重要になる。

ボル（ドイツ）も、同じサービスを2本続けては出さない。YGと普通のサービスを交互に出してくるために、最初から最後まで相手は彼のサービスには慣れないで終わってしまう。かつ、ボルは回転で相手の逆を突くのではなく、常に相手レシーバーの予測と反対のことをやろうと思っているのが特長だ。

私自身、試合では、サービスのトスをしながら相手の動きが見えた場合、瞬時にサービスのコースを変えたりすることはある。

また、サービスを出す時に、フォア前のサービスのように見せておいて、インパクト直前にラケット角度を変えて、コースを変えることはよくある。これは相手がフォアに動いてチキータをやろうとする時に、最後にラケット角度を変えて相手の待ちをはずすテクニックだ。

【フォア前】台のフォアサイドのネット寄りの付近を「フォア前」と言う。つまりフォアサイドに短いボールが来る場所だ。同様にバック前、ミドル前とも使う

【YGサービス】1990年代後半から、当時若手だったシュラガー（オーストリア）などが使うようになった「逆横回転サービス」。右利きなら左横回転系のサービスになる。新世代（Young Generation＝ヤングジェネレーション）が出すサービスということで、YGサービスと呼ばれるようになった

このYGサービスから下回転、横回転系、ナックルなどの球種を操る

41

●—強い横下回転とナックル

強い回転サービスを持ち、チキータ対策のサービスを考える

自分のサービスはまだ良くなるし、まだ進化している。サービスもやはり日々で調子の良し悪しがある。特に台の影響を受ける。表面が滑らない台なら短いサービスは止まってくれるが、滑る台は長くなってしまうので、その分思い切り回転をかけるのが難しくなる。

自分の横下回転が切れていれば、合間《あいま》に入れるナックルサービスは非常に効果的になる。横下回転が切れていないといくらナックルを出しても効かない。横下回転が切れていれば、相手はネットミスしたくないから持ち上げ気味にレシーブしようとする。その時に同じモーションでナックルを入れたら非常に効果的で、相手は混乱する。基本になるサービスの回転量を増やすことで、ナックルサービスも効果的になるし、サービスの変化の基本はここにある。

サービスの長短の変化はあまり意識していない。基本的にショートサービスか、思い切り出すロングサービスという組み合わせを使っている。ハーフロングサービスは相手が表ソフトの時に使うくらいだろう。

水谷隼の《順回転サービス》

最近はチキータ対策として縦回転系サービス（下回転とナックル）を出す比率が高くなっている。横回転が入るとチキータをされやすくなるので必然的に縦回転系が増え、ロングサービスを出すことが対処法になっている。そのため、チキータをみんなが使うようになってから横回転系のサービスが減った。

チキータでのレシーブは、今や誰でも使える標準技術になっている。上のレベルになると、サービスの回転が下回転でも横回転でも相手はチキータでレシーブしてくるので、今の時代はチキータの対策も重要である。チキータは強い回転がかかっているが、クロスに来ることが多いので、それを狙っていく3球目攻撃も私の得意パターンのひとつである。

シェークはフォア前が弱いため、フォアミドルやフォア前のボールもバックのチキータで狙ってくる選手が出てきている。そういう選手には、あえてサービスをフォア前、ミドル前に出して、チキータを打たせる。そして、相手の身体がフォアに動くことで空いたバック側を狙っていく。

【ナックル】 無回転のボールのこと。本書ではナックルサービス、ナックルレシーブ、ナックルドライブというように使っている。極度に回転が少ないボールは飛んでいく時の空気抵抗により、揺れたり沈んだりしながら飛んでいく

左利きのフォア順回転サービスは、左横回転系サービスとなる。このサービスから下回転、横下回転、ナックルなどを繰り出す

42

サービスの鍛え方

まず練習で出してみて新しいサービスを覚える

サービスは唯一、ひとりで練習できるものだ。だから、サービスがうまくなりたかったら、ひとりで練習すればよい。

実戦練習やゲーム練習の時にいろいろなサービスを出してみて、新しいサービスを試してみる。そこで相手に効いたら、他の選手にも同じように出してみる。他の選手にも効いたら初めてそのサービスをひとりで練習する。つまりそれは効いたサービスの精度を上げるための練習である。

効くサービスを覚えるためにひとりで練習するのではなく、実戦練習で効いたサービスをひとりで練習する。練習相手に効かないサービスを練習しても意味がない。

過去に、YGのようなサービスをひとりで練習したことはあるけれど、実際にはいろいろな種類のYGがあって、その中で試合や練習の中で効いたものをさらに練習するというやり方をした。常に「このサービスに対して相手はどう反応するか」を実戦で確認することがサービス力をアップさせるためには重要なのだ。

柳承敏の《サービス》

順回転とＹＧサービスを巧みに操るボル

筆者が参考にした柳承敏の
フォアサービス。球種がわか
りづらい変化サービスだ

43

●サービスは「真似して盗む」

サービスのうまい人は下回転サービスが切れている

サービスは小さい頃からうまかったわけではない。高校生の頃からサービスが良くなっていった。その理由は、当時、柳承敏や馬琳という世界のトップ選手のサービスを真似していたからだろう。サービスの上達の近道は、まず、うまい人の真似をして、コツを盗むことだ。

今でもサービスのうまい人のビデオを見て真似をしたり、分析をする。なぜあのモーションであの回転のサービスが出せるのか、というように考え、実際にやってみる。

馬琳のサービスでも、下回転に見えるのにナックルとかアップ（上回転系・横上回転系）サービスがある。ボールの飛び方まで下回転に見えるのにアップサービスが同じように飛んでくる。「なぜあのサービスが下回転に見えるんだ」と分析し、研究していく。

ボールをラケットのどの部分に当てるのか、どういうスイングだと切れるのか、どういうスイングだと相手に変化がわからないのか。サービスの工夫は無限にあると言ってよい。

そして、サービスのうまい人というのは下回転が切れている。

馬琳の《サービス》

下回転が切れているから他のサービスも効果が出てくる。どんなにモーションがわからなくても、下回転が切れていないと効果はない。下回転が切れているからこそ、ナックルが非常に効果を発揮する。「下回転が切れているぞ」というイメージを相手に植え付けることが大事なのだ。

私は試合でまず台の弾みを確認したいから、ナックルを小さく出してみる。下回転を出すと台から出ることがあるので、ナックルサービスを出して台から出ないかどうかを確認することが多い。そこから下回転を混ぜていく。

「横回転を出すと3球目が打ちづらいんじゃないか」と言う人もいるが、私はそう思わない。何十万回も練習しているから、曲がって返ってくることも、ボールの軌道も予測できている。いろいろな選手のレシーブを経験しているし、初めて対戦する相手でも「この選手ならこのサービスを出すとこういうレシーブが来るだろう」という予測は立つし、レシーブはすべて想定内のことだ。

技の練習を繰り返すだけでなく、実戦的な練習を繰り返すことで、自分の頭の中ではいろいろな相手の返球パターンが蓄積される。その蓄積するデータをどれだけ増やしていけるのかが重要になる。

様々なフェイクを入れる馬琳のサービスも参考にした

44 台上のチキータはテイクバックを取れるので、威力を出せる

●―チキータの出現

この数年間、世界の卓球界の大きな変化であり、技術の潮流となったのは、特に男子での「チキータ」（台上バックドライブ）の出現だ。世界では誰でもできる技になり、日本の子どもたちでさえもチキータを使っている。

言い換えれば、自分がこの技術を使うだけでなく、「チキータ対策」がうまくできないと試合では勝てないことになる。私でさえ、今でもチキータをやられると嫌だなと思う。

チキータというのは、右利き対右利きで相手のフォアの右横回転系に対して使えば、実際にはボールの回転に沿って「順回転」で返すことになる。相手コートに入れることは容易だが、大きな変化はない。

逆に、右利き対右利きで、逆横回転（左横回転系）だったらどうなるのか。これは相手の回転に対しては逆回転で返すのだが、実はボールの変化も大きい。

チキータのようなバックの台上ドライブではテイクバックを取れるので威力を出せるし、スイングスピードが出せるので、自分で回転をかけられる。相手の回転の軸をはずすこともでき

張継科の《台上バックドライブ》

るし、回転を利用して、さらに強い回転もかけられる。それがチキータだ。

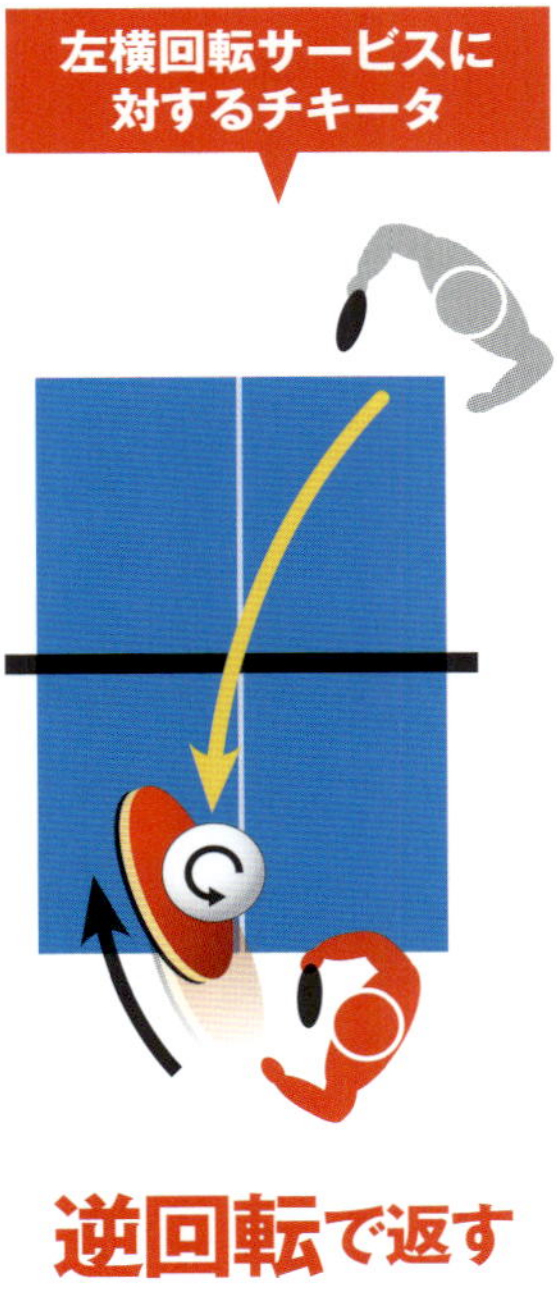

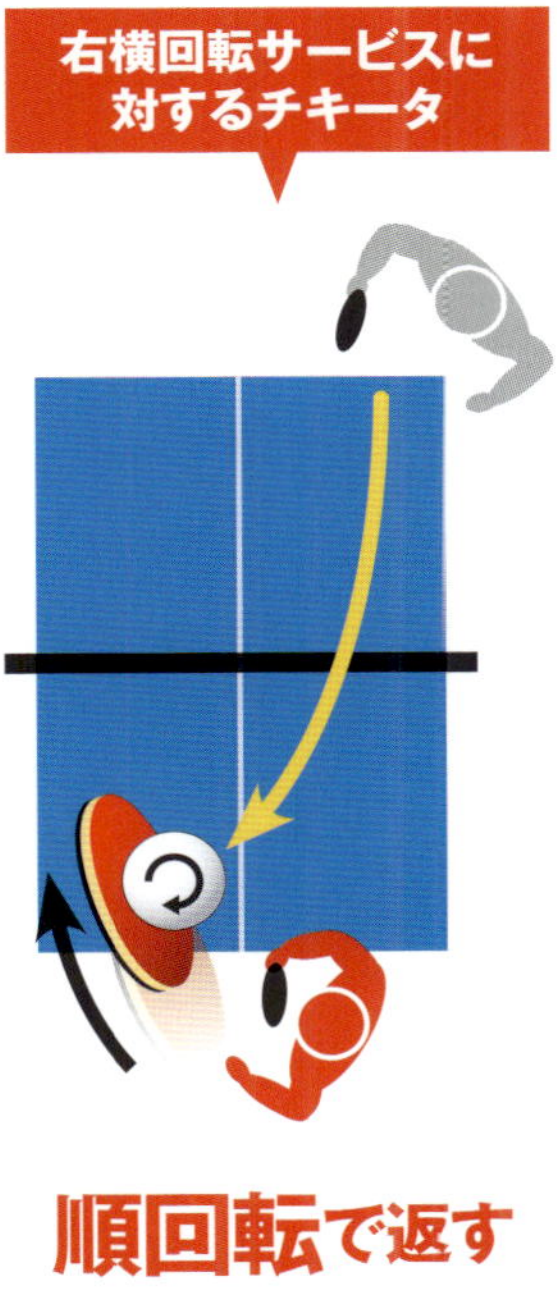

王皓とともにチキータなどの台上バックドライブによって、世界の卓球の流れを変えた張継科

45

――2010年くらいから使われ始めたチキータ

張継科と王皓の決勝で一気にチキータが世界の主流に

世界的にもチキータの登場によって長いラリーからの展開が多くなっている。そういう意味では、この数年間での卓球の進化は大きい。以前は、レシーブと言えば、ストップ対ストップの台上からの展開によって試合が始まるという時代があったのだが、今は最初からチキータをやってくる選手が増えた。

チキータが多く使われ始めたのは2010年から2011年頃にかけてだ。11年の世界選手権ロッテルダム大会の男子シングルス決勝は張継科対王皓で、二人ともレシーブはチキータしかしない。12年のロンドン五輪もまた二人が決勝で対戦し、一気に世界的にチキータが流行していった。あの二人の影響力が大きい。

あの二人のチキータは回転量がすごい。張継科のチキータはいやらしさはないが回転量が特筆もので、当てると上方向に飛んでいく。一方、王皓のチキータは相当に変化する。横下回転のような性質のボールで非常に取りづらい。まともにラケットに当てるとネットを直撃するようなチキータなのだ。

2010年までにも二人はチキータを使っていたけど、今ほ

王皓の《チキータ》

どの安定性はなかった。かなりミスが出ていたからチキータをやってもらったほうがいいと思うほどだったが、11年くらいから完成度が高くなった。

チキータが世界の卓球を変えたと言っても過言ではない。チキータはどんなサービスに対しても使える。たとえ、強い下回転であってもチキータで返球することは可能だ。チキータ自体が横回転をかける、ボールの横をとらえ、回転軸をはずすような横入れ打法の技術で、レシーブも質が高くなるからだ。

最近は、私自身、技術の中ではレシーブを重要視している。以前は、サービスが重要な技術だったが、チキータが流行してからは、サービスが最優先の技術ではなくなった。

うまくレシーブできたら試合で勝てる。逆の言い方をすれば、サービスからの得点率が、チキータが使われるようになってから低くなっている。以前はサービスを持ったら2点取っていたのが、今は1点になっているので、その分、レシーブで2点取ろうとしているのだ。

【ツッツキ】ボールに下回転を与えて打球するカット打法。主に台上や台のそばで使う

【ストップ】相手の台上でツーバウンド以上するような短いツッツキ（ショートカット）。主にレシーブで使われる基本的な台上テクニック

独特なペン裏面によるチキータで、世界の流れを変えた王皓

46

●―チキータの後の4球目

チキータは身体が台の中に入る。4球目はコンパクトに打球する

ミドル、フォア前くらいのサービスをチキータした時、相手は空いたバックを狙ってくる。チキータの後で一番重要なのはすばやく戻ることだ。チキータは台の中に入った状態で打球するので、すばやくバック側に下がり、「チキータは戻るまでが1動作」と覚えることが大切だ。

チキータ後に戻ったら次の4球目はフルスイングせず、コンパクトに打球する。それはチキータでは身体が前（台の中）に入っているので、すばやく戻っても台から十分に距離が取れないことがあるからだ。台に近くて、時間的余裕もないため、4球目はコンパクトに打ったほうがよい。いかにコンパクトなスイングで良いボールを送るのかがポイントだ。

チキータ後の相手の返球はバックに来ることが多いが、当然、実戦ではフォアを突かれることもあるので、フォアに打たれた場合はラケットを後ろに引けるため、多少打球点が遅れても対応できる。しかし、バックハンドはタイミングが遅れてしまったら絶対に取れない。だから

4

5

9

10

こそチキータの後の4球目はバックに来ることを前提にしておかないといけない。「意識はバックに置いて、フォアに来たら対応する」という待ち方が良いだろう。

水谷隼の《チキータからの4球目》

チキータ（台上ドライブ／1～8）をして、すばやく戻ってコンパクトなスイングでバックドライブ

47

●レシーブのコツ

ボールの当て方、打球音、ボールの軌道とマークで相手の球種を判断する

レシーブは経験が必要な技術だ。相手サービスの球種を判断する目安は、

1・相手のラケットがボールにどのように当たっているのか、ボールのどの位置を打球しているのか。

2・打球音（切れている時の音と切れない時の音は違う）。「ポン」というような音ならば回転はかからないし、シュッというような摩擦《まさつ》音《おん》ならば回転はかかっている。

3・ボールの軌道（飛び方）とマーク。回転によってボールの飛び方は違う。トップ選手だと、工夫して同じような軌道でボールを飛ばしてくるが、それでもわずかに軌道は違うので、そこを見落とさない。また、ボールのメーカーのマークが見えることがあるので、それによってナックルサービスなのか、横回転系なのかを判断できる。もしマークがないボールだったら、私はレシーブがうまくできない。

世界のトップクラスでレシーブがうまいのは馬龍（中国）だ。いろいろなレシーブ技術を持っているので何をやってくるのか予測しにくく、サービスを出す相手としては一番嫌な相手だ。

馬琳の《レシーブ》

馬琳（中国・元五輪チャンピオン）はレシーブがうまいとは言えないが、とにかくえげつないレシーブを持っている。少しでも台からサービスが出たら打ってくるし、時には台から出ないサービスまで台上ドライブで狙ってくる。

世界のトップ選手でもレシーブが得意という人はあまりいない。得意ではないけれど、トップクラスに行く人はレシーブのバリエーションがあり、あまいボールは見逃さないし、ミスがないという点で共通している。

相手のあまいサービスは打っていかなくてはいけない。あまいサービスを見逃さないことによって、相手にプレッシャーをかけることができる。サーバーはボールに強い回転をかけようとすると、サービスが台から出たりする。そのサービスを強く打っておけば、サーバーはさらに小さく出そうとして、その時には回転量も落としたり、変化も小さくなる。だからこそ、台から出たサービスは必ず狙わなければいけない。

どんな選手でも完璧にサービスを出せるわけではなく、あまいサービスが試合中に必ずあるので、そのボールは見逃さないで強打で狙うことが大切だ。そこでプレッシャーをかけられないで見逃してしまうと、相手は台から出ても強く打たれないからと、思い切りサービスで回転をかけてくる。

ストップするようなバックスイングから台上のボールをドライブ気味のフリックをする馬琳

48

●—ストップレシーブ

ストップレシーブで相手のフォア前に落とし4球目をバックハンドで狙う

シェークはフォアの短いボールに対してラケット角度が出しにくいため、相手のフォア前を狙うストップは非常に有効だ。その際、相手の3球目は対角線のコースにツッツキやフリックをしてくることが多いので、ストップ後はクロスで待つ意識を持つ。つまり相手のストップに少しでも反応が遅れた時に、心理的に長い距離、つまり対角線にボールを送りたくなるのである。

ストップレシーブに対し、相手が自分のバックへツッツキしてきたら、「4球目はバックで狙い打ち、思い切って攻める」ことが大事だ。「バックは苦手だからつなぎのドライブに徹する」という考えでは相手に余裕を与えてしまう。ミスをしないことも大事だが、強いボールを1本見せておくことで、相手に「バックでもこんな強打が打てるんだ」と認識させる。バックが苦手な人でもこのレシーブのパターンを覚えて、1本強いボールを打ってみよう。

【フリック】台上技術のひとつで、ショートスイングでボールを弾くように打球する打法

ストップレシーブをして
相手がツッツキしたボー
ルをバックドライブ

水谷隼の《ストップレシーブからの４球目攻撃》

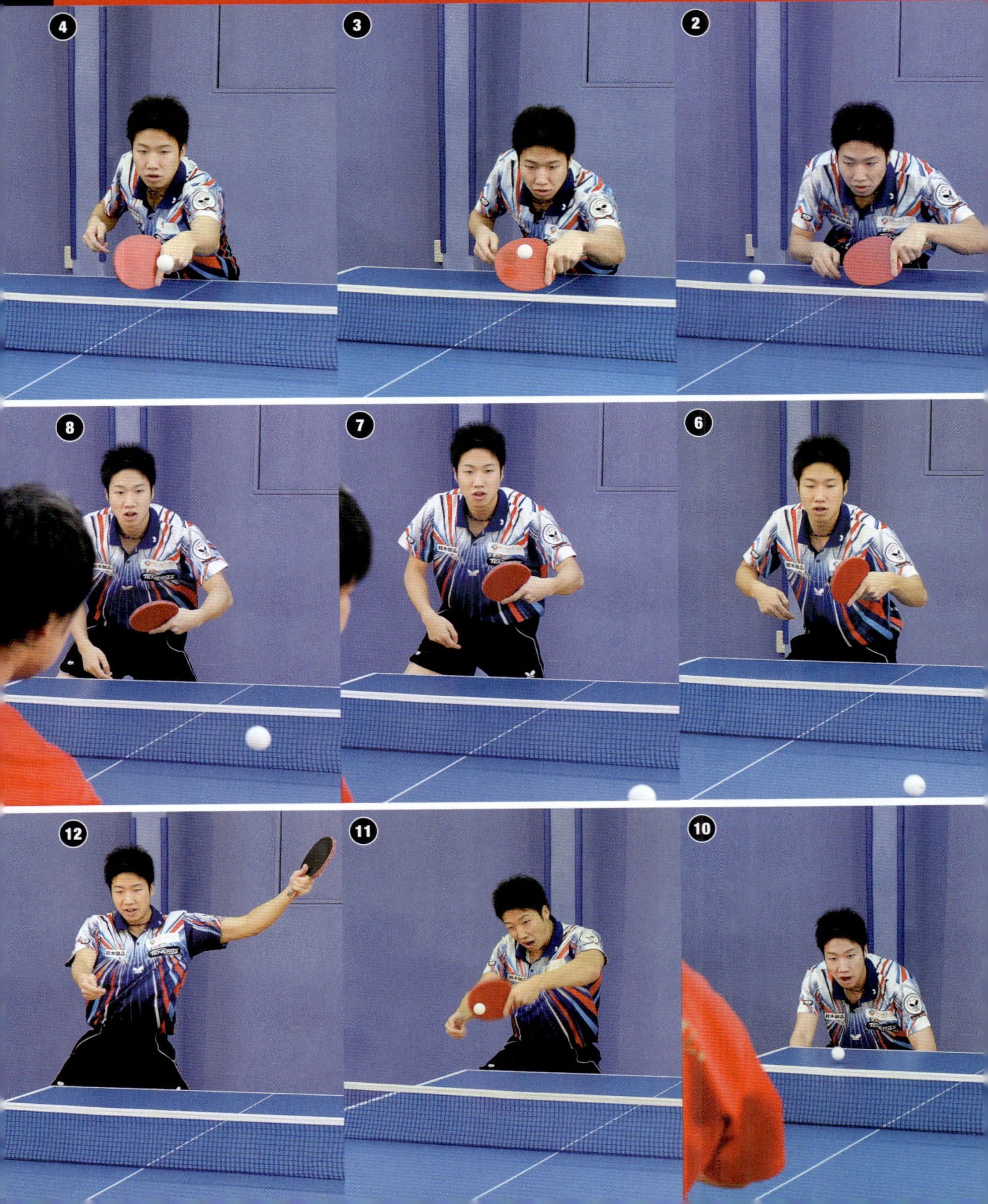

49

●ナックルレシーブ
短い上回転に対して上から押し込む。ボールは揺れながら飛んでいき、相手のラケットの芯を外す

私のレシーブの特長とも言えるのはナックルレシーブである。あまり使っている選手は見ないので、私独自の武器になっている。このナックルレシーブは短い上回転系のサービスに対して使う。

ナックルレシーブは特に相手のバック側に送ると有効だ。バックに送った時は、トップ選手でも3球目攻撃がオーバーしたり、ミスをすることが多くある。ナックルボールがブレながら飛んでいくので、ラケットの芯《しん》に当たりにくく、一発で打ち込もうとするとミスが多くなる。そのため、ほとんどの選手がミスを恐れてゆっくり持ち上げてくるので、4球目で一気にこちらのチャンスになる。

相手の上回転系サービスに対し、ナックルレシーブではラケット角度を開き（オープンフェイス）、ボールを上から右斜め下に滑《すべ》らすようにとらえる。

相手の回転を残しながら、上から押し込むイメージで打つことで揺れるナックルボールになる。習得はかなり難しいが、慣れてくるとスピードも出せるし、かなり有効なレシーブになる。

水谷隼の《ナックルレシーブ》

相手の上回転系サービスに対して、ラケットを斜め下に滑らすようにスイングする

50

台上技術のコツ

台上パワーフリックは手首を固定して頂点をとらえる

台上のフリックでは、よく「手首を使いなさい」と言われるが、私が教える時には「手首を使わないで、手首を固定してボールを押すように打てばいい」とアドバイスをする。

フリックという技術は、下回転に対しては使わない。下回転のボールをフリックするのは難しいし、ミスが出る。手首を使えば下回転のボールに対してもフリックはできるかもしれないが、意味はない。回転をかけて返したところで、それは相手のチャンスボールにしかならないからだ。

あくまでもフリックは相手サービスがナックルや横回転系の時に使う技術であり、小さい下回転サービスに対してはやる意味がないので、ストップなどで返せばよい。

また相手のストップレシーブに対しては3球目で「パワーフリック」をすることがある。特にシェークはフォア前が弱いので狙われやすく、フォア前の短いボールに対し、しっかり強打できれば相手のレシーブを制限することができるため、フォア前の強化は必須だ。もし強いフリックができないことがばれてしまったら、相手はそこばかり攻めてくるだろう。

「パワーフリック」（台上強打）のひとつ目のポイントは頂点

水谷隼の《パワーフリック》

で打つこと。フリックは台上で弾いて打つため、ネットよりも高い位置でボールをとらえる必要がある。ネットよりも低い位置からスマッシュを打っても入らないのと同じだ。

ふたつ目のポイントは見せ球を作ること。台上のボールはクロスとストレートでエンドラインまでの距離が20㎝ほど変わってくるため、パワーフリックはクロスに打つことが基本になる。しかし、クロスにばかり打つと待たれてしまうので、ゆっくりでもいいのでストレートに流すような見せ球を持っておくことが必要なのだ。

台上のストップ性のボールは、姿勢を高くしてボールを上から見おろすようにすると頂点がとらえやすくなる。上から見おろすと、打球の時に自然に身体がボールに近づき、身体が台上にしっかり入るようになり、ボールに力を伝えやすくなるのだ。

パワーフリックは、ネットを越えたくらいの高さから叩きつけるイメージで打つので、少しひじを伸ばし気味にして、手首を固定させて打とう。

台上の技術は、練習の継続が大事だ。やり続けないと忘れてしまう。それはサービスでも同じで、繊細な技術というのは継続してやっていかないとその感覚を忘れてしまうし、継続していけば確実にうまくなっていくものだ。


手首を固定させてボールを押し出すように打球する。頂点をとらえ強く弾く

51

●台上バックドライブ
ボールに身体を寄せてバックスイングはぎりぎりまで取らない

フォアのパワーフリックと同様に、バックサイドへのストップに対しても3球目で強い攻撃を仕掛けていくことが大切だ。台上バックドライブのポイントもフォアと同じく、ボールの頂点をとらえることだ。

バックは台上に身体を入れてボールに近づくことで、相手にコースを読ませない効果がある。シェークはバックの手首が利きやすく、台上ではフォアよりもバックハンドのほうが威力を出すことができるので、積極的に台上バックドライブを打っていこう。

台上バックドライブは、フォアのパワーフリックのように弾いて打つのではなく、回転をかけて打ち込んでいくため、スイングスピードを速くする必要がある。逆に言うと、スイングスピードが遅いとボールが落ちてしまい、ネットミスになる。いかに速くスイングして、打つ瞬間に力を入れて、どれだけボールに回転をかけられるかが重要になる。だから、台上のボールは迷わず、恐れないで振っていく意識が必要だ。

スイングスピードを速くするためのポイントは、バックスイ

水谷隼の《台上バックドライブ》

ングを直前までとらないこと。ボールがコートにバウンドしていても、まだバックスイングを取らずに、ボールが上昇してきてからようやくバックスイングを取り、頂点で打ち込む。ボールを直前まで待ち、手首をしならせて打つことで、スイングスピードを出せるのだ。

台上技術のポイントは、打球点に体を寄せていき、ボールに近づいて打球すること。手が伸びきって打球すると安定しないし、手が伸びた時点でストップもドライブもできない。

【頂点】ボールは通常、弧《こ》を描くように飛んでいき、バウンドした後もいろいろな形で弧を描くが、その弧の一番高いところを頂点という。頂点で打つことで、打球の入る確率は最も高くなる

【ボールの上昇期・下降期】ボールがバウンド後に頂点に行くまでを「ボールの上昇期」と言い、頂点から落ちていくところを「ボールの下降期」と言う。打球ポイントを説明する時に「頂点、上昇期、下降期」という言い方をする

【台上バックドライブ】同じ台上技術でも「チキータ」と「台上バックドライブ」の定義はない。横回転が入り、曲がっていく台上ドライブをチキータと言うケースは多いし、チキータも台上ドライブの技術である

ボールが自分のコートにバウンドしていても打球直前ぎりぎりまでバックスイングは取らない。ラケットのしなりを使って打球

52

●―フィッシュ

相手の配球を記憶しながらカウンターを狙う

「フィッシュ」とは中、後陣でしのぐ技術である。ボールはあまり高く上げずに、弾道を低くして相手のコート深くへ、コースを考えて入れることを心がけている。そして私は「自分で伸ばすフィッシュ」と「相手の威力を利用するフィッシュ」の2種類を使い分ける。

相手のボールに対して、さらに回転をかけ返して自分でボールを伸ばすフィッシュは、身体の近くで打たないと回転がかけづらいので、打球位置までしっかり動く。

相手の打球の威力を利用しているプッシュ系のフィッシュでは、ボールを押して、相手の回転を少し残すように返すのがコツだ。この2種類のフィッシュは回転や飛び方が微妙に違う。

フィッシュはしのぐ技術ではあるが、「しのぐこと自体が目的ではない」と考えよう。フィッシュをしてから、すぐにニュートラルに戻り、相手に攻められていても、「常にカウンターを狙っていこう」という意識が大事だ。しのいでいるだけでは勝つことは難しいので、いつでもカウンターを狙う姿勢を持つことだ。

私は序盤でフィッシュでしのいでいる時、相手の配球の癖を

水谷隼の《フィッシュ》

記憶しておく。選手によっては、バックばかりに打ってくる選手、フォアばかりに打つ選手などがいるが、たいていはどの選手もコースを途中で変えてくる。2球目で変えてくる選手もいるし、4、5球は同じコースで、私が回り込んでカウンターを狙うタイミングをはかってコースを変えてくる選手もいる。そういう相手の情報は試合の中でどんどん蓄積されていくのだ。

平成25年度（2014年1月）全日本選手権・男子シングルス決勝の町飛鳥（明治大）戦の1ゲーム目は、何本かフィッシュをしたが、自分から1本も中陣カウンターを打っていない。公式戦であまり当たったことがない選手を相手にする時、私は1ゲーム目を相手の攻め方を記憶する時間にする。町選手は私のバック側に粘り強く打ち込んでくるタイプだった。コースさえわかっていればカウンターは難しくはない。私は2ゲーム目からフィッシュでしのぎながら、バック側に打たれたボールをカウンターするなど、しっかり反撃することができて勝利した。

【フィッシュ】1980年後半から世界を席巻したスウェーデン選手たちが用いた守備技術。中・後陣からの守りの技術で、釣《つ》り竿《さお》を振る動作と似ていることから「フィッシュ」という用語を作りだした

【ロビング】フィッシュは「低めのロビング」とも言える。一方、ロビングは高く上げながら、相手のミスを誘ったり、時間を稼ぐ両ハンドの守備技術である

全日本選手権でのフィッシュ。
フィッシュはバックハンドでの
しのぎ技術だ

53

フェイクで得点を狙う

練習の時から意識するフェイクプレー

小さい頃から「力がないのにどうやって得点しようか」と考えていく中で、フェイク（相手を惑わす技術）を入れるようになった。普通に打っても得点できないから、相手の逆を突くコースや打法で得点を狙う。

力がついた今でも、そのフェイクの部分だけが残っている。また、試合で自分もやられることもある。「今のフェイクにやられたな。それなら、自分もやってみよう」と思って、取り入れることも多い。

最近の選手では馬龍のフェイクはすごい。まともに打ってくるボールはなく、すべてがフェイク。特にレシーブでのフェイクはすごい。「何をしてくるかわからない」と考える時点で精神的に負けているのだ。だから、自分もそれを心がけて、彼の技を取り入れることもある。

レシーブでフェイクを入れるのは高度なテ

水谷隼の《フォア台上フェイク》

クニックだ。レシーブ自体は、相手の回転を見極めなければいけない技だし、その中でフェイクを入れるのは難しい。

もちろんフェイクプレーというのは、普段の練習で意識していないとできない。「このフェイクプレーを試合のこういう場面で使ってみよう」と意識しながら練習することが大切だ。

自然にフェイクを覚えるということはない。小さい頃にフェイクをやられて、自分が嫌だったから、それを使い始めた記憶がある。フェイクを使う人というのは、そのフェイクに相手がはまって、引っかかっているのを見て、楽しんでいる部分がある。

また、フェイクは使うタイミングも重要だ。「ここで普通に返したら相手にやられる」という場面で使う。

サービスでのフェイクはわかりやすいものだが、他の技術、たとえばレシーブ、ドライブ、ブロックなど、実はすべての技術で微妙なフェイクがある。トップ選手同士ではまと

上はフォア前のフェイク。4と5で身体、顔、ラケットはクロスへ向け、ボールは流すように反対方向へ飛ばす。下はストップと見せてクロスへフリック

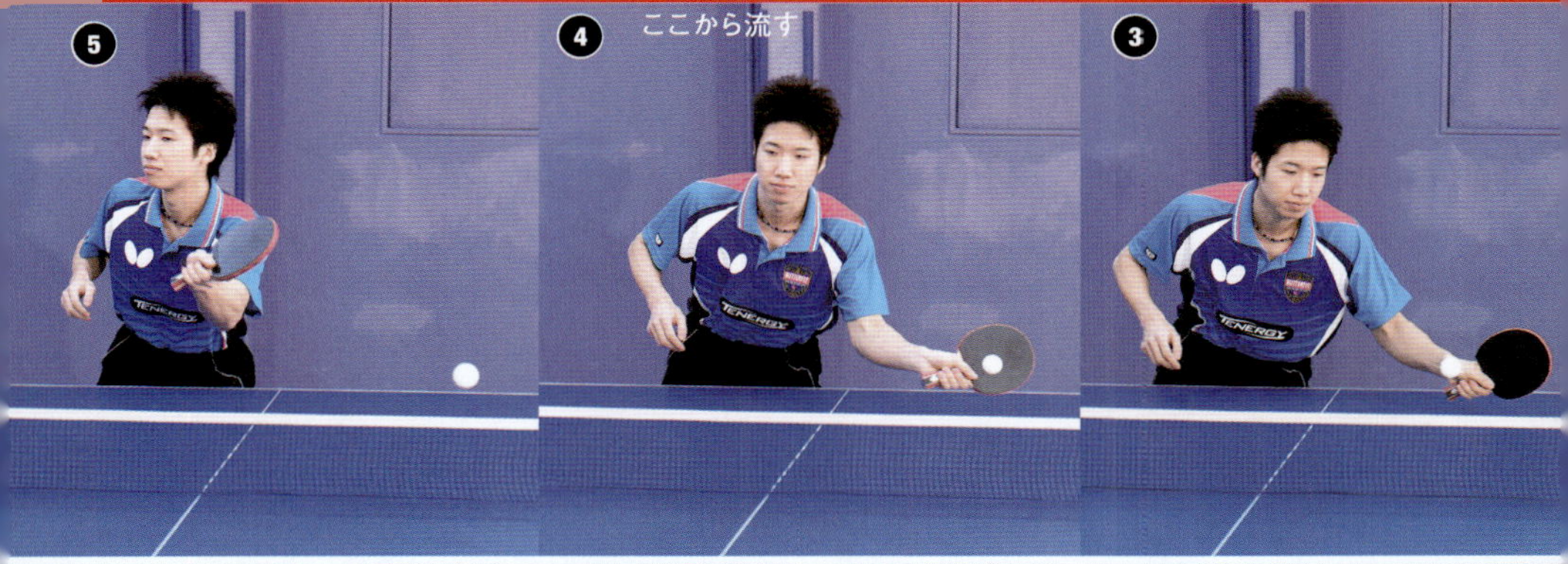

もに打つというよりは、すべてにフェイクが入っていると言っても過言ではない。たとえば、許昕のレシーブは「2段モーション」で、ストップに見せておいてからフリックしたり、わざと打球点を落としてからストップ（短いツッツキ）をするなどの高度な技術もある。

チャンスボールが来ても、まともに打っても相手はミスをしないために、そこでフェイクを入れなければ得点できない。

国内では松平健太のフェイクはうまい。台上でも多用してきて、フェイクをやられると一瞬判断や反応が遅れる。

【フェイク】相手を惑わす技術で、フェイントとも逆モーションとも言われる。クロスに打つと見せかけてストレート、ストップすると見せかけてフリック、下回転と見せかけてナックルというように、相手の裏をかく技術を言う。フェイクプレー、フェイクモーションとも使う

水谷隼の《バック台上フェイク》

フレイタス（ポルトガル）の台上プレー。世界のトップ選手は各選手が細かなフェイクを入れていく

4までツッツキの構えを見せておいて、
5、6でフリックする

54

●中・後陣でのしのぎ

しのいで得点する。その1点は試合の流れを変える

小さい頃、あまり卓球を好きでなかった頃にはラリーを引き合うことを楽しんでいた。それでラリーを引きたかったから、台から下がる癖がついた。

そのために、青森山田に行った時にも、ドイツに行った時にも「これ以上下がるな」と注意された。青森では練習をやっていると、これ以上下《さ》がるなということで、私のすぐ後ろに吉田安夫先生が立っていたし、ドイツではマリオ・アミズィッチは私の後ろにフェンスを置いた。どこに行ってもそういうふうにされるので、「自分は下がりすぎてるんだ」と気づき始めた。

前陣・中陣・後陣というプレー領域の中で、私の一番得意なのは実は後陣だ。下がらされた後陣ではなく、自ら相手を誘い込むようにプレーする後陣が本当は一番得意な領域なのだ。

基本的には、ロビングになった時は自分のバック対相手の攻撃になる。そこでいつこちらが回り込んで仕掛けるか、を考えている。相手がそれを察知したらフォアに打ってくるので、タイミングをお互いが探り合う。それを楽しんでいるのだ。

もし自分がロビングでしのぐラリー戦で得点すると、その1点はただの1点ではない。その1点は2点分、3点分にもなり、試合の流れを左右することが多い。しかも、攻撃対後陣での守りでは攻めているほうが圧倒的にしんどい。もちろん守るほうも1点取るのに必死でやっている。すぐに点がほしいのであればカウンターすればいい。ただそれは確実なものではないから、しのがなければいけない。同じように粘りのうまい選手は許昕だが、彼のしのぎのボールは高いし、私は低いボールでしのぐ。しのぐボールも選手によって違う。

サムソノフの中陣での粘りもうまい。コースを突いたり、ナックルを入れたり、嫌らしいしのぎをする。

世界の中で最ものぎのうまいと言われる筆者（優勝したITTFワールドツアーグランドファイナルから）

55

●―しのぎながらプレッシャーをかける

しのいでいるように見えて、実は攻めているロビングとフィッシュ。常にカウンターのチャンスをうかがう。

ロビングにはいろいろな上げ方がある。単純にトップスピンをかける返し方、次に相手のドライブの回転を残す返し方があり、これは相手にとっては打ちづらい。また、わざと回転を殺したフィッシュをする時もある。このボールはトップスピンのように見えるが、回転がかかっていない。

ロビングやフィッシュというのはある意味、自分の意のままにできる技術であって、それはしのいでいるように見えて、実際には自分が攻めているような状態になっている。回転に変化をつけたり、曲げたりすることで、相手を前後左右に動かすことができミスを誘うことができる。

しのぎながらも相手にプレッシャーをかけている。回り込めそうもないのに回り込むようなフリをする。そうするだけで、相手は警戒して自滅したり、打つコースが限定される。

ロビングは自分にも時間的余裕が生まれるために、左右に振られた時に位置をリカバーして、あまりオープンスペースを作らないことが重要である。自分がぎりぎりで取っているようなロビングでは余裕がないから、相手コートに入れるだけになり、完全に守勢に回ってしまう。

ただ実際には、ボールを打った瞬間、上げた瞬間にどこに入るかはイメージできる。浅く入ると思ったら、後ろに下がって準備するし、深く入ると思ったら逆に前に出ていき、カウンターを狙うようにしておく。もちろん深く入れるほうが良い。浅く入った時には次をカウンターでは狙わない。強く打たれるのがわかるし、そういう時はカウンターを打つのは難しいからだ。

【カウンター】相手の攻撃に対して自分の攻撃的な技術を使うこと。カウンタードライブ、カウンタースマッシュ、カウンターブロックという使い方をする

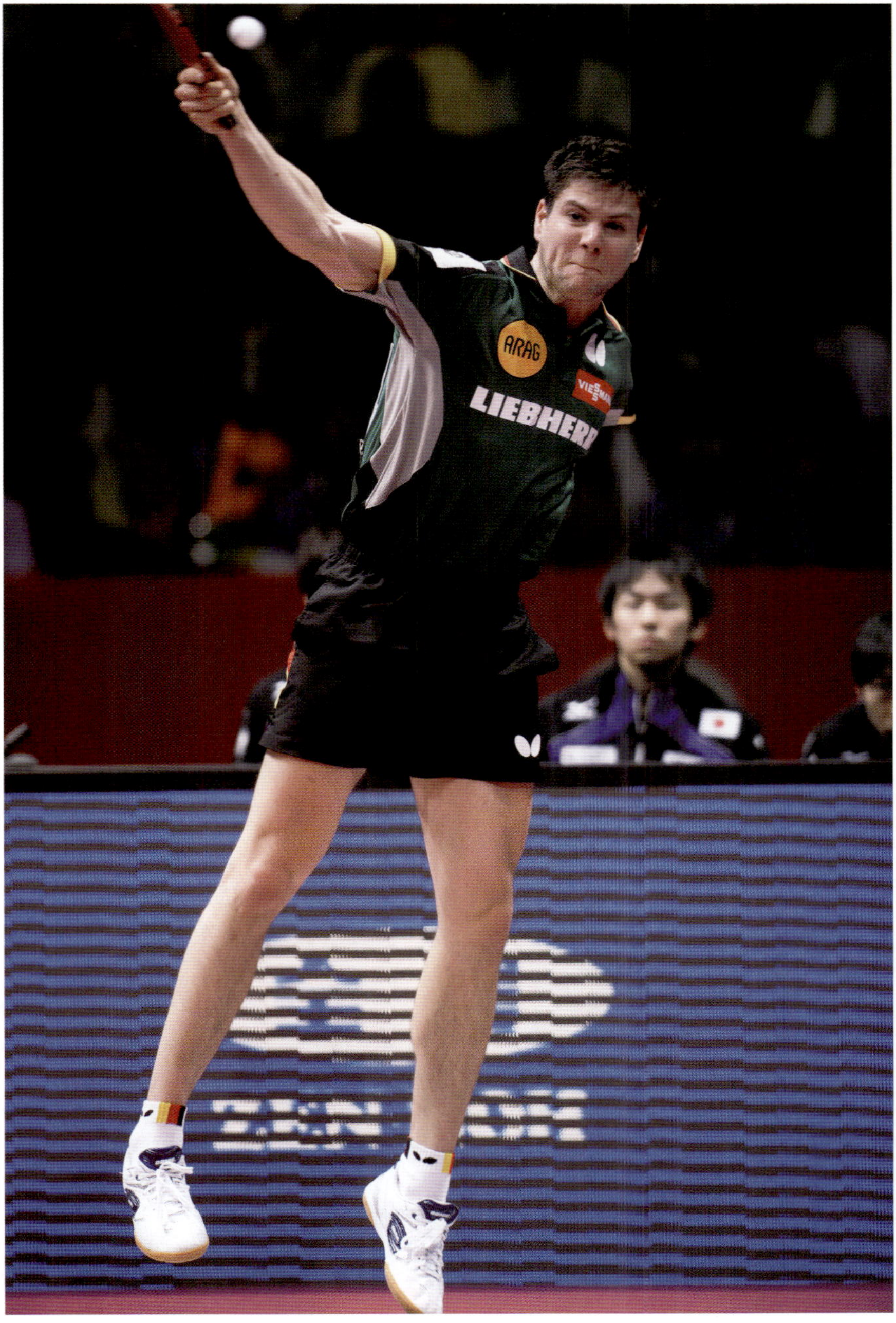

後陣からカウンターのバックハンド強打を放つオフチャロフ

56

ミドルを狙う

一流選手はミドルを攻める。超一流選手はミドルを守る

一流選手はミドルを攻める、超一流はミドルを守るとよく言われる。

トップ選手になるとフェイントモーションを使いながらミドルに打つ。クロスに打つと見せかけてミドル、ストレートに打つと見せかけてミドルを攻める。常に両サイドに打つと見せかけておいて、ミドルを攻める。

ミドル攻めというのはただ台の真ん中を狙っているのではなく、常に相手の動きを視野に入れて、相手のミドルを狙うことであり、一番効果を発揮するのはフォアミドルである。

なぜフォアミドルなのか。強い選手はバックミドルやミドル（ど真ん中）のボールにはバックハンドで手が出るから、フォアミドルを狙う。フォアミドルは中国選手やヨーロッパ選手に対しても最も効果があるコースなのだ。

ミドルをどう守るかというのは、「読み」しかない。たとえば、相手のフォアへ長くツッツキを送る。その時に瞬間的に、「相手のボールは自分のバックへ7割、フォアは1割、ミドルが2割」と読む。もちろん、それは自分の送ったボールの速さ、深さ、

水谷隼の《ミドルの守り》

高さ、厳しさによって変わってくる。

そういう「読み」の訓練をひたすら練習で繰り返す。それによって、ミドルに打たれた時の反応が作られていく。ミドルの守りは、「反応」と「体の切れ」が勝負。だからミドルの処理によって、自分の体の状態がわかるとも言える。

身体を鍛えている時には「体の切れ」があるので、うまく返せるけれども、体の状態が悪い時には反応も遅れるので、うまく返せない。

トップ選手同士ではチャンスボールはミドルに打ち込む、というのがセオリーだ。全日本選手権などでもバックに浅く浮いたボールをクロスに打たれると、「それはミドルに打つボールでしょ」と内心思ってしまう。

トップ選手になったら、ミドル攻めは徹底している。たとえ、相手の体勢が崩れていてもミドルに打つ。それは相手がペンホルダーでもカットマンでも同じ。「ミドル攻め」は卓球の戦術の基本中の基本だ。

フォアミドルへ打たれたボールをブロックで処理。やや横回転を入れている

5

6

57

ナックルドライブはループドライブとの回転量の差を利用する

●―ナックルドライブ

ナックルドライブとはドライブのようなスイングなのだが、ボールを擦らずにボールの反発力を利用して打球するために、回転量の極端に少ないドライブのことだ。相手はドライブに見えるために、ネットミスをする。つまりフェイク（相手を惑わす）ドライブである。

特にカットマンに対しては効果を発揮するが、攻撃選手に対しても使う。通常、回転を思い切りかけるループドライブの時には振り終わったあとにスイングを止める。そういうスイングのほうが回転をかけやすいからだが、ナックルドライブの時には止める必要がなくて、相手の下回転（ツッツキやカット）のボールを打ちながら次の動作に移りやすい。それがもともとナックルドライブを始めたきっかけで、誰かに教わった技術ではない。

ナックルドライブと言っても、全くの無回転ではない。わずかにトップスピンのボールではあるが、ループドライブとの回転量の差があるから相手はミスをするのだ。

【ループドライブ】ボールにトップスピン（前進回転）をかけるドライブ打法だが、回転量が多く、ボールがループ（輪）を描くように、大きく山なりの飛行曲線を描きながら飛んでいくドライブボール

水谷隼の《ループドライブ》

フォアの浅めのツッツキに対してのループドライブ。４で止めるようなスイング

水谷隼の《ナックルドライブ》

ほとんど同じようなスイングだが、３のラケット角度が違う。４から流れるように構えに戻る

58

●ブロッキングゲーム

相手のボールを予測し、相手のボールを利用するブロック

私は小さい頃から「ブロッキングゲーム」ができると言われることがあった。相手の攻撃を止めるのがブロックだが、「ブロッキングゲーム」というのは自在にブロックで守れるプレーで、相手の攻撃を小さく止めたり、相手のボールを利用できるプレーのことだ。

張継科、馬龍のブロックは基本は返すだけだが、サムソノフや松平健太選手は、相手のボールを利用できる選手、つまりブロッキングゲームをできる選手だ。それは途中から身につけられるものではなく、卓球を始めた時の環境が関係するかもしれない。卓球は予測のゲームだ。予測のできる人は、相手を見られる人、読みの良い人、そしてラリー中でも時間的な余裕を持てる人だ。

【ブロック】相手のドライブやスマッシュを止めるように返す打法。短く返すストップ気味のブロック、横回転を入れるサイドスピンブロック、ナックル気味に返すブロック、攻撃的なカウンターブロックなどの種類がある

松平健太の《ブロック》

上から押さえ込むようなカウンターブロック

松平健太の《ブロック》

ボールの右横をとらえるサイドスピンブロック。ボールは曲がりながら入っていく

59

●ボールを支配する

自分が打ったボールに対する相手の反応を予測することで時間的余裕が生まれる

強い選手には、小さい頃から共通していることがある。それは自分の空間をしっかり持っていて、時間的余裕を持っていることだ。だから相手もよく見える。

具体的に言うと、自分が打ったボールに対して、相手がどう返球してくるのかを読めているということだ。だから、瞬間的に速く動ける。そのために時間的な余裕が生まれるし、ボールが来るところにすでにいる。たとえば、自分がクロスの厳しいコースに打ったら、ほとんどがクロスにしか来ないから、自分の打ったボールによって事前に予測して動くことができる。

それは、自分が「ボールを支配している」ということだ。レシーブ以外は、自分が打ったボールを相手が打つわけで、自分が打つコースや球種によって相手の打球を予測することは可能だ。だから、私は小さい頃から「時間的余裕のあるプレー」をすると言われた。

相手が見えているから余裕がある。余裕があるから時間が生まれる。そういう感覚を持った選手は絶対強くなる。これは才能の部分もあるかもしれないが、前述しているような反応を高める練習、約束事の少ない練習によって、「予測」や「読み」の能力は上がるはずだ。予測と読みを要求するような練習を増やしていけば誰でも「ボールを支配」できるのだ。

第6章

戦術
TACTICS

**前半は競り合ったとしても、
相手のパターンや癖を
記憶しておく**

60

●相手によって戦術を使い分ける

得意な戦術を捨てなければ、勝てないケースもある

オフチャロフや丹羽孝希選手のように、過去に何度も対戦している選手に対する戦術と、あまり対戦していない選手、もしくは初めて試合をする選手に対する戦術は違うものだし、変えなければいけない。何度も対戦している相手に対しては、効果的な戦術が頭にインプットされているものだが、初めて対戦する相手の場合は、自分の中での戦い方の順序があり、いつも同じサービスから始める。

その戦術パターンが効いているうちはそれを使い、それが効かなくなったら次のサービスや戦術を使う。それも効かなくなったらさらに別のパターン……という順番が決まっている。

だから、自分の100の力を出さないで試合が終わることも多い。それは最初の戦術、2番目の戦術で試合が終わる場合で、自分が使うサービスやレシーブ、そして戦術の組み立てはひとつのシステムになっている。

実戦では、自信を持って試合中に戦術を変えることも必要だ。丹羽孝希選手と試合をする時、オフチャロフと試合をする時などは、自分本来のプレーを捨てなければ勝てないケースがある。自分の得意な戦術を捨てて全く別の戦術を使っていくのだ。

たとえば、丹羽選手との試合。他の選手に対してはロングサービスは1試合で2、3本なのに、彼に対しては10本使うとか、普段は横回転系サービスが中心なのに、オフチャロフに対しては縦回転に変える、というように戦術を使い分ける。また、試合の中で相手に自分の戦術が読まれていると思ったら瞬時に変える勇気も必要だ。

【縦回転系サービス】 横回転の入らない下回転やナックルサービスを総称して「縦回転系サービス」と言う

61

心理戦の中での戦術

試合の組み立てで使う「捨て球」と「見せ球」

試合の組み立ての中では、「捨て球」「見せ球」を使うことがある。たとえば、効いているサービスをあえて出さないとか、苦手なサービスを出された時に思い切って打ちにいって、「このサービスはオレには効かないよ」と見せることを、戦術として使う。そういう見せ球を作ることで相手は怖くなって勝負所では使ってこないからだ。

サービスでも最初にロングサービスを使っておけば相手はずっと警戒することになる。つまりすべてのポイントを取りにいくのではなく、ゲームの中で相手を心理的に追い詰める組み立て、相手を混乱させる戦術を用《もち》いることが重要になる。

最終的にはその試合に勝てばよいのであって、すべてのポイントを取るような攻め方、戦術は用いない。

初めての相手なら、前述したように自分の中で決めているサービスや戦い方を使いながら、どのサービスが効くのかを探っていく。そして探った結果をもとに、勝負所で効果のあるサービスを使う。

手の内を知っている丹羽選手との試合では「見せ球」の選択も難しい

62

心理的に優位に立つ
「相手のボールへの反応」から弱点を見つける

試合では相手との駆け引きの中で、心理的に有利に立つ必要がある。つまり常に自分がゲームをコントロールするということだ。だから、自分が仕掛けて相手がそれについてくるような流れにすることを考えながら試合を進めている。

戦術というと、中国選手の場合はほとんどがコース取りのことを意味している。彼らは打つコースを変えてくる。相手の弱点を突いたり、苦手なところを探して徹底的に突く。

相手の弱点を見つける時のポイントは、「相手のボールへの反応を見る」ことだ。打った時に「このボールに対して今の反応はおかしい、普通はあの反応はないな」と探ってみる。また、相手の表情を見る。ミスした時の相手の一瞬の表情を見逃さない。嫌なところを突かれた表情かどうかを判断する。逆に、自分が嫌なコースに打たれた時は顔には出さずに、得意なコースをミスした時にわざと「あ～」という嫌な表情を見せる。

つまり卓球とは心理戦であり、情報戦なのだ。相手のミスにはいろいろな情報が詰まっている。ただし、相手の弱点を突いていても、相手がそのコースを読んで、そのボールを待っている時にはそこには返球しない。

練習でわざと相手の得意なところに送ることはあっても、試合ではしない。ただ、全日本選手権ではわざと1本、相手の得意なところに送って「今日の調子はどうかな」と探ることはある。それで打ち抜かれたこともあった。これは例外だ。それ以外のケースでは、相手のミスの仕方を見る。レシーブであれば、ぎりぎりでミスをする人ととんでもないミスの仕方をする人がいて、ギリギリでミスをする人は次は入ってくるかもしれないが、とんでもないミスをする人は変化がわかっていないということだ。

選手には考え方の癖《くせ》があって、その選手の試合を見ていたり、また対戦すれば、その癖が見えてくる。たとえば、松平賢二選手であれば、競ってくるとそれまでと違うことをしてくるし、岸川聖也選手であればそれまでと同じことをしてくる。いきなり変わったことはしてこない。どちらも嫌な面もあるし、やりやすい面もある。競った場面、緊張する場面ではその選手の癖が必ず出てくるから、それを記憶しておく。
実戦では、相手のミスから多くの情報を得ると同時に、自分のミスによって多くの情報を相手に与えないことが大切だ。

競り合いの時に奇をてらった攻めをしてこない岸川聖也選手。お互い手の内を知り、奇襲は通じない。それと「違ったことをしない」のが岸川選手の癖なのだろう

63

●―相手に自分の弱点を悟らせない

苦手なサービスを出された時の対応。ミスしても良いから強打して、「本当は強いんだ」と見せる

前述したように、自分の苦手なサービスを出された時には相手に悟らせたくないから、あえてそのサービスを強く打ったりして、ミスしてもいいから「おれは本当はここが強いんだぞ」と見せる。変化がわからずにレシーブを浮かせてしまったら相手はそこだけを突いてくるケースがあるからだ。

平成25年度全日本選手権大会、準決勝の上田仁戦で、3－0とリードした4ゲーム目、上田選手に変化がわかりづらいサービスを出されてミスをしたら、その後、ずっとそのサービスを出されて苦戦した。3－0から3－2になった。この時も最初に強く打っておくべきだった。そうすれば、相手はその後、そのサービスを出さなかったかもしれない。

この試合では、落とした2ゲームは上田選手は全部同じサービスを出してきた。普通は、他のサービスを混ぜるもので、そういう時はこちらはわざとミスをする。そうすると相手は「えっ、このサービスが効くのか」とサービスを変えてくるので、自分が嫌なサービスを出される本数は減るし、そういう心理戦、駆け引きは試合の中ではよくやる。しかし、あの時の上田選手は徹底していた。3－2になった6ゲーム目も彼のサービスがうまく取れなくてリードされていたが、自分のサービスが効いた分、勝つことができた。

サービスに限らず、相手は効いている技術や戦術は使い続けてくるので、相手にそれを続けさせない、気をそらさせるようなことをしなくてはいけない。相手の流れを断ち切る工夫をする。選手というのは効いているサービスや技術をずっと使ってくる人もいれば、途中で使わずに最後にとっておく選手もいるが、いずれにしても最後には必ず使ってくるし、それをクリアしなければ試合では勝てない。

平成25年度全日本選手権準決勝の相手、上田仁選手（写真上）。3-0からサービスを変えられ苦戦した。相手の嫌なサービスを徹底して出すことがポイントだ

64

●—競り合いで強くなるための方法

前半は競り合ったとしても、相手のパターンや癖を記憶しておく

私は初めて試合をする相手だと、試合の前半は競り合いになる。つまり、最初は相手が何をやってくるかわからないから、様子を見ながら試合をしているのだ。加えて、試合の終盤では、それまでのプレーの記憶を頭の中で並べる。「何が効いていたのか。相手はどこが弱点なのか。相手の癖は何なのか」と考える。

そして、競り合いになったら、ここにサービスを出すと相手はここに返してくるだろう、それをここに打ち込む、という組み立てを作っていく。

もちろん自分の予測どおりにはいかないものだが、競った時にはヤマを張る。しかも、1点に張るのではなく、いろいろな場所にヤマを張る。ただし、ヤマと言っても、ヤマがはずれた時の対応のための計算式が自分の中にある。99%はここに来るだろうと思っていても、1%の確率でヤマをはずされることはある。そのヤマをはずされた時の対応も意識しておかなければいけない。

ヤマを張りつつ、ヤマがはずれた時でも対応できるような心構えが重要だ

65

相手の情報分析

メモ代わりにパソコンに打ち込んだら、相手の情報は記憶にとどめない

試合のラブオールからゲームセットまでのことはスコアとともに記憶している。ところが、試合が終わるとその記憶は消えていく。次の試合のための準備をしなければいけないからだ。そこで、その日のうちに私は相手の長所・短所などをメモ代わりにパソコンに打ち込むようにしている。そこに打ち込んだ時点で、記憶からなくなるのだが、相手の情報や自分の調子などは「ある一定期間」はパソコンに入っている。

ただし、同じ相手と半年後、1年後に対戦したとする。その時には前に残したメモは見ない。なぜなら参考にならないからだ。指導者の人も「前の試合ではこうだったから、このやり方がいいんじゃないか」と言うけれども、経験上、そういうデータは参考にならない。自分自身、以前の対戦のメモを頭に入れて戦った時にはほとんど参考にならなかった。

選手は日々進化しているし、その試合をした時のお互いの状況や調子も全く違う。それなのに、前回の情報に縛《しば》られると失敗をする。1カ月前くらいなら情報は生きるかもしれないが、数カ月以上前の情報は参考にしないようにしている。だから、古いデータはパソコンから消す、または見ないようにしている。つまり、メモをしてはそれを消す作業（相手情報のアップデート）を日々行っている。

ただ消していくとしても、半年前と1カ月前の同じ相手の情報の中で、相手が変えてきていない部分は記憶にとどまっている。新しくメモをしていても、前々回の対戦と前回の対戦、そして今回の対戦でメモの内容がかぶってくる。その重なっている部分が彼の特徴であり、メモによって見えてきた部分だ。

私のパソコンには世界のトップクラス何十人分と国内のトップクラスの選手たちのデータが入っている。以前は、メモを取らずに全部頭の中に入れておきたいと思っていたが、マリオ・アミズィッチに「忘れるからメモ

をするように」と言われてからパソコンに打ち込むようになった。

試合前に最近対戦した相手のメモを読むと、たとえば、「前回は自分のYGサービスが効いていた」といったことを思い出す。そうすると、その相手には出足からYGを出していく。試合をやりながら「そう言えば、この相手にはYGが効いていたな」と思い出し、途中から使い始めるのでは遅い。メモのおかげで最初から前回効いた戦術を使えるので、スタートダッシュをかけることができる。

相手の情報に縛られすぎないことも大切だが、有効活用すれば試合で生きる。

2014年3月のドイツオープンの決勝で競り負けたオフチャロフに対して、1カ月半後の世界卓球東京大会でリベンジした筆者（下写真）

66

●格下に対する戦術・格上に対する戦術

普段と違うA戦術と普段使うB戦術を順番を変えて使っていく

格下の相手への戦術としては、余裕がある時には普段の自分とは全く違う戦い方をする。全部YGサービスにする、レシーブは全部長くする、全部フリックするとか、自分を見せない戦い方をする。これを「A戦術」として、本来の自分の戦い方を「B戦術」とする。A戦術で1ゲーム目を取ればその試合は絶対勝てる。今までの経験で、そういう戦い方をして1ゲーム目を先取した時には100％勝っている。ただし、A戦術でやってみて、ダメだったら本来の自分の戦い方、B戦術に戻す。ところが、格上の選手と対戦する場合には、いつもの自分の戦い方（B戦術）でやってみて、それが通用しなくなったら普段自分がやらない戦い方、A戦術を用いる。

格下の選手に対して、最初からB戦術で戦うこともできるけれども、その戦術がうまく機能しないとパニックになってしまう。ところが、普段と違うA戦術を使ってダメだったらB戦術に戻ればいいだけで、相手もそれまでリードしていたのに、途中から点が取れなくなったほうが焦りが出てくる。

格上の選手に対しては、いきなり奇襲作戦的なA戦術を使ってしまうとそれで1ゲーム目が終わってしまうこともあるので、まずは正攻法のB戦術でぶつかっていくやり方が多い。

もちろん戦況によって、B→A→B→Aというように使い分けて、変化を持たせながら攻めるやり方も多い。

また、リスク（危険）を冒《おか》す戦術もある。今までのやり方だったら勝てないという格上の相手だったり、試合をやりながら「このままの展開だと勝てない」と思った時にリスクを冒す戦い方を実行する。

リードしていて、自分からリスクを冒すことはしない。ただ、ここの1本を取れば勝負が見えてくる、勝ちが見えてくる、試合の流れを完全に引き寄せるという時には勝負をかける。たとえば、ゲームオールの7－4とか4－1というスコアでは、思い切った勝負をかけていくのだ。

67

自分のプレーは変えられる

常に「進化」して、どこからでも攻めていくスタイル

全日本選手権で優勝しても、それ以降、私はその時のプレーにはこだわらない。たとえば、邱（建新）コーチに指摘されれば、すぐに自分のプレーを変えてみる。優勝した時や好調の時に行った練習メニューや戦術でも、常に進化させなければいけない。

卓球も時代とともに変わるのだから、自分の打法、練習、戦術も変えていくことが重要だ。しかし、他の選手を見ていると、二つのケースがある。

ひとつは、フォームがしょっちゅう変わる選手。これは進化ではなく、自分のチェックポイントがあいまいだったり、もしくはポイントがないために何かのきっかけでフォームが変わってしまうのだ。

もうひとつは、自分が好調だった時や、以前に優勝した時のことばかり思い続けて、その時の練習や戦術を繰り返したり、その時のやり方に固執《こしつ》する選手。卓球の技術は常に変化し、進化している。また選手自身の筋力なども変化する。だから自分の軸になるものを持ちつつ、柔軟に対応することが必要ではないだろうか。

自分自身、常に練習メニューは変化している。連覇していた時期も毎年のようにフォームも変わっているし、練習メニューも戦術も変わっていった。つまりアスリートにとってのキーワードは「進化」なのだ。

進化していく中でも、自分の得意な領域を持っている。基本的には前陣で戦い、攻める。前陣が無理なら中陣で戦う。中陣も無理なら後陣まで下がるというのが自分のプレー領域で、自分から下がることはない。前で攻めるのがあくまでも基本であり、下がったとしてもスキあらば攻め返すという意識は常に持っている。

そして、以前よりも中・後陣から逆襲する場面は増えている。それはフィジカル（身体）が強くなっているために、台から下がってもボールに届くからだ。加えて、届いた後に体が復元し、戻れるようになっているから連続して攻撃できるのだ。以前はボールにも届いていなかったし、仮に届いても体勢が崩れているので次のボールは打て

なかった。

フォアは得意だから意識しなくても反応できるし、カウンターもできる。だから、ラリー中でもバックで待つことを基本にしている。台から下がると相手は自分のバックを連続して攻めてくることが多いが、今は前よりも動きが明らかに良くなっているために、いつでもフォアで回り込んで逆襲するというオーラを放つことができる。そうすると相手はフォアへ回してくる。それを無意識にカウンターしているのだ。

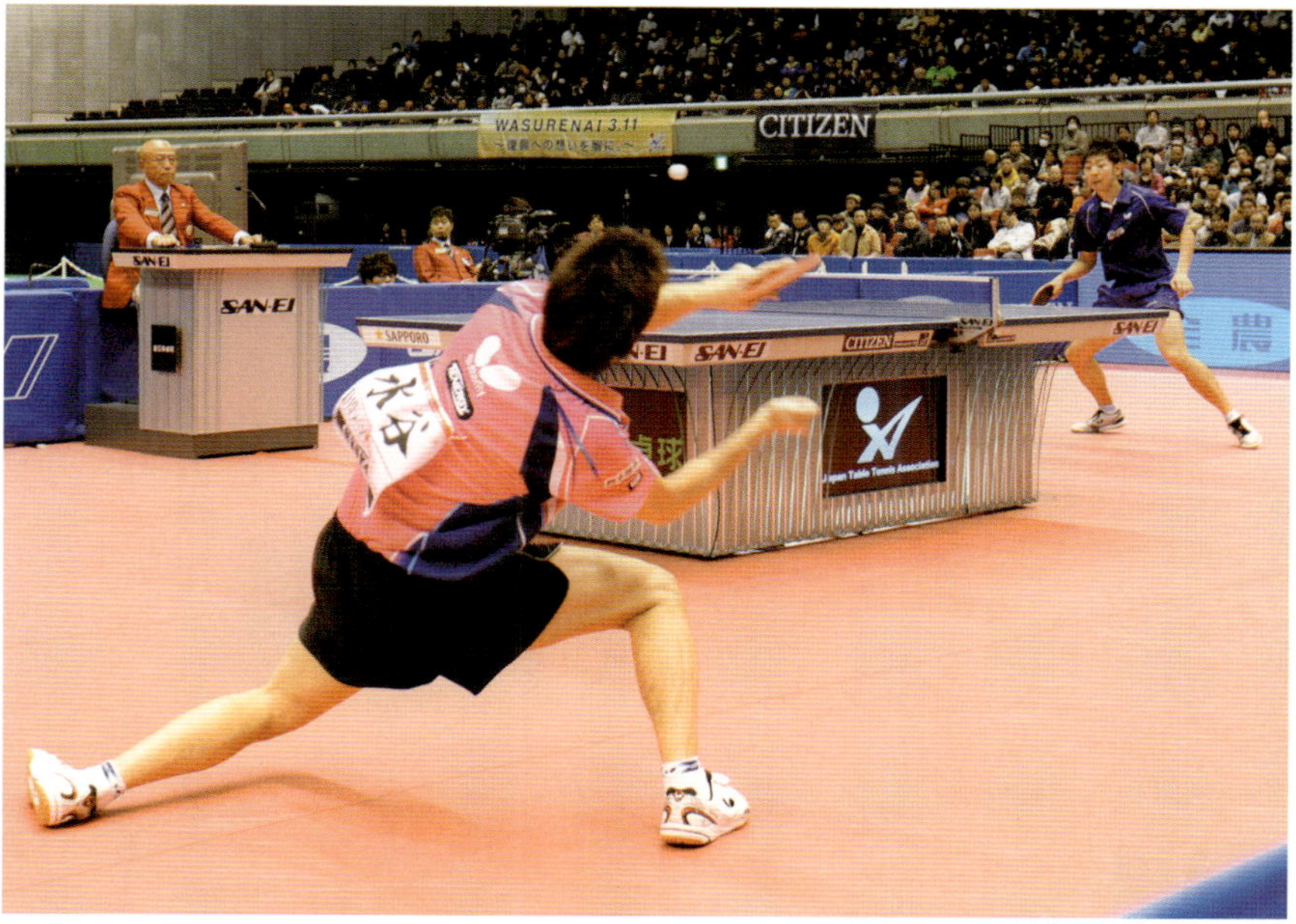

後陣からのカウンター攻撃は相手にプレッシャーを与えることができる

68

●―スタートダッシュのかけ方

1ゲーム目を取った時の勝率は高い。得意のサービスからの強気の戦術を使う

卓球の試合においてはスタートダッシュは重要だ。特に、団体戦の5ゲームズマッチの時には1ゲーム目を取りたい。1ゲーム目を取った時の試合で勝つ確率は80~85%だと言われている。1ゲーム目を取れるかどうかが、非常に重要になる。

そのためにはラブオールから一気にたたみかける。様子を見ないで、いきなり自分の自信のあるサービスを連続して出していき、まずリードを奪っていく。思い切り切った下回転サービスを出すとか、ナックルサービスを出すとか、1点でもリードを奪っていたらロングサービスを2本連続で出すとか、強気の戦術を使っていく。

もちろん点数にもよるが、少しでもリードを奪っていたら、自分が普段やらないような強気の戦術を用いて、リードをさらに広げる。レシーブからでも強気で攻めていく。レシーブを2本連続で強打していくとか、フェイントばかり使うとか、相手を混乱させるような戦術を用いる。それで試合を優位に展開する。「水谷は何をしてくるんだろう」という精神状態に相手を追い込む戦術だ。

当然、5ゲームズマッチと7ゲームズマッチでは戦術も心理面も相当違う。5ゲームズマッチならば、まず出足から心理面でも自分が有利に立ちたい。一気に主導権を握って試合を優勢に進める。

格下の選手に対しては、もしスタートダッシュがうまくいかずに出足でリードされたとしても、あわてることはない。しかし、格上の選手からスタートでリードを奪われると難しい。

1ゲーム目を先取したら、2ゲーム目は少し余裕が出るから、あえてそこで1ゲーム目と違うことをする。相手は1ゲーム目を奪われた反省から、こちらの戦術に対応しようとする。こちらは2ゲーム目で全く違うことをやり、相手をさらに混乱させる。そこで2ゲーム目を取れれば一気に試合は決まる。

試合に備えた入念なウォーミングアップを行い、集中力を高める丁寧（ディン・ニン／中国）

勝率　勝利数　全試合数
79%（161/205）

第1ゲームを取った時の勝率

	男子（5ゲームズマッチ）	男子（7ゲームズマッチ）	女子（5ゲームズマッチ）	女子（7ゲームズマッチ）
平成25年度全日本選手権 一般シングルス	79%（161/205）	67%（42/63）	79%（155/197）	76%（48/63）
平成25年度全日本選手権 ジュニアシングルス	78%（170/219）		84%（184/219）	
インターハイシングルス	80%（158/197）	53%（8/15）	85%（168/198）	67%（10/15）
12年世界卓球団体 第2ステージ	88%（35/40）		93%（41/44）	
13年世界卓球シングルス 第2ステージ		76%（96/127）		77%（98/127）

※小数点以下は四捨五入

第1・2ゲームを連取した時の勝率

	男子（5ゲームズマッチ）	男子（7ゲームズマッチ）	女子（5ゲームズマッチ）	女子（7ゲームズマッチ）
平成25年度全日本選手権 一般シングルス	93%（118/127）	100%（32/32）	97%（120/124）	83%（38/46）
平成25年度全日本選手権 ジュニアシングルス	94%（129/137）		96%（134/139）	
インターハイシングルス	95%（121/128）	73%（8/11）	94%（133/141）	89%（8/9）
12年世界卓球団体 第2ステージ	100%（31/31）		100%（29/29）	
13年世界卓球シングルス 第2ステージ		97%（70/72）		93%（77/83）

※小数点以下は四捨五入

※卓球王国調べ

69

最終ゲームにもつれた時の戦い方

追いつかれたら戦術を変える。リードされたら目の前の1本に集中する

試合では、2－0から2－2に追いつかれる展開もある。心理的には焦るケースだ。ここでは、戦術、作戦を変える。相手は勢いがついているわけだから、それまでの自分の戦術にこだわらずに、ガラッと変えたほうがいい。しかも、5ゲーム目のスタートから大きく変える。3、4ゲームと同じやり方をしても意味はない。

5ゲームズマッチで、0－2、1－2とゲームをリードされた局面では、何が原因でリードされたかをまず考える。打ち合いで落としたのなら、打ち合いに持っていかないで、サービスから3球目、レシーブから4球目とかの早い展開で勝負をかけていけばいいし、もし逆に早い展開でゲームを奪われたのなら、ラリー戦に持っていくようにする。

平成21年度の全日本選手権で張一博選手とやった時（7ゲームズマッチ）は、1－3とゲームをリードされたが、「次のゲームが最終ゲームだ」と思って勝負をかけた。3－3に追いつけば五分五分の勝負になる。リードされた時はとにかく目の前の1本に集中する。リードされてもリードしても基本、ポジティブに考えるようにしている。

試合が進んでいくうちに、お互いが上に立ったり、下に行ったりというのはよくあることだ。7ゲームズマッチでは出足で相手に優位に立たれてもあわてないことを肝《きも》に銘《めい》じよう。

全日本選手権で張一博選手と対戦した筆者。
後半で3ゲームを連取し、逆転勝利をおさめた

平成21年度全日本選手権
男子シングルス準決勝
水谷隼 対 張一博

水谷隼	ゲーム	張一博
4	10－12	3
	11－5	
	8－11	
	8－11	
	11－9	
	11－4	
	11－9	

勝率　勝利数　全試合数
54% (19/35)

A選手が2－0とリードし、B選手が2－2に追いついた時の両者の勝率

		男子(5ゲームズマッチ)		女子(5ゲームズマッチ)
平成23年度 全日本選手権 一般&ジュニアのシングルス	A	54% (19/35)	A	59% (16/27)
	B	46% (16/35)	B	41% (11/27)
平成24年度 全日本選手権 一般&ジュニアのシングルス	A	44% (12/27)	A	59% (16/27)
	B	56% (15/27)	B	41% (11/27)
平成25年度 全日本選手権 一般&ジュニアのシングルス	A	47% (16/34)	A	35% (9 /26)
	B	53% (18/34)	B	65% (17/26)
合計	A	49% (47/96)	A	51% (41/80)
	B	51% (49/96)	B	49% (39/80)

※卓球王国調べ

3年分の全日本選手権の5ゲームズマッチに絞り、ゲームカウント2－0から2－2になった後の勝率を出した。結果は2－0から2－2になっても両者互角という数字が出た

70

初対面の相手に対しての戦い方

スタートダッシュをかけるが仮に1ゲーム目を落としても焦る必要はない

小さい頃から、大会ではシードをもらうことが多いけれども、初戦負けという経験がない。初対面の相手に対しては、1ゲーム目でスタートダッシュをかけるのがベストだが、それよりも大事なのは、1ゲーム目を落としたとしても相手の情報を得ることだ。それで最終的に勝てばよい。情報を得ながらも1ゲーム目を取りにいって、仮《かり》に落としたとしても焦らないことが大切だ。

初めての相手でも事前に試合を見たことがある場合は、情報があるわけだからパニックになる必要はない。

私自身、初対戦の勝率は相当高い。それはまずサービスが効くということと、そして相手のサービスをとりあえず入れて返すことができるからだ。

相手のサービスの配球だけではなく、ラリー戦でのコース取りを記憶する

71

ルーブドライブとロングサービスを多用して、大きなラリーに持っていく

●―表ソフトの選手に対する戦術

表ソフトを使う選手に対して負けた記憶がほとんどない。なぜならば表ソフトの弱いところを知っているからだ。まず回転のかかったループドライブでしっかり攻める。表ソフトの選手にとっては、回転のかかったボールは打つのが難しく、ブロックするのも容易ではない。

たとえば、ペンホルダー表ソフトの選手に対しては相手のフォアへ深いボールを送り、相手がドライブか強打で返球してきたら、それを相手のバックへ止める。そして、つないできたボールを相手のミドルへ狙う。両サイドに散らすと両ハンドでパンパンと打ってくるので、決めるボールはフォアミドルに打つのが定石だ。

もうひとつの戦術として、ロングサービスを多用すること。短い下回転サービスを出して、相手にストップされると、こちらの回転が残ってストップされたり、ストップ対ストップの展開になるのはペン表ソフト速攻型の得意パターンだ。だから、短めのサービスを出す時も横回転、上回転、ナックルサービスを混ぜて出して、フリックさせてから、それを狙う戦術を使う。

相手に打たれることを前提にして、台との距離は少し取る。そうすれば、ナックル性のボールが来ても苦にはならない。

シェークの表ソフトと裏ソフトの異質攻撃型に対しては、バック側が表ソフトならばバックへカット性の長いボールを入れて持ち上げさせたあと、それを狙う。基本的には表ソフト面を狙う。

表ソフトを使う選手が一番強いのは、台上の細かいプレーを使ってきた時なので、細かいプレーをさせない。大きなラリーにしていくことが重要だ。表ソフトの台上プレーに対処するのは難しいので、表ソフトで長いボールを打たせる展開、相手に軽く打たせて、それをカウンターで狙うのが一番良い。

72

ペンホルダーの裏ソフトドライブ型に対する戦術

バック前からのラリー展開にして、バックを潰す

まず、裏面を使わないペンホルダードライブ型、吉田海偉選手や柳承敏選手のようなスタイルに対しては、バック前に短いサービスを出して、そこからラリーを始める。その後、フォアを攻めてからバックへ止める。相手がバックハンドで返してくればそこを潰《つぶ》していく。バックへ止めたボールをさらにフォアハンドで回ってくる選手は相当に手強《てごわ》い。

基本的には、バック前から攻める、もしくはフォアを攻めてからバックを潰す戦術を使う。この戦型でやっていけないのはバック側に何となくボールを送ってしまうこと。これは相手にとって最も得意なコースなので、回り込んで一発で威力あるボールを打ってくる。バックに送る時には、サービスを小さく出すか、もしくはフォア

水谷隼の《対ペンホルダー戦術》

に振った後にバックを攻めるパターンを使うべきだ。

レシーブの時には、台上からの展開を使う。相手は長いレシーブにはいきなりフォア強打をしてくるので、台上に寄せておいてからフォアを狙う。速いラリー展開になれば、必ずバックを使ってくるのでそこがチャンスになる。自分が攻めている時にはバックだけを狙う。バックを狙って、次をフォアへ回すと強いボールが来るので、バックを突いたら徹底してバックを突いていく。

裏面を使う選手に対しては、シェーク攻撃型と同じ戦い方をする。たまにしか裏面を使わない選手であれば、ペンのドライブ型と同じ戦い方をする。

【裏面打法】 ペンホルダーの両面にラバーを貼り、シェークハンドのように裏面で打球する打法。1990年代に中国の劉国梁（ペン表ソフト）が使い始め、2000年以降はドライブ型の王皓（中国）が主戦技術として使うようになった

相手を前に寄せた状態で、バックドライブでフォアサイドを突き、飛びつかせて、バックを狙う

73

●—対サウスポー、対シェーク両ハンド攻撃型の戦術

対左は、守ったほうが負けという展開になる。シェーク両ハンドには右足を出させるボールを出す

左利き（サウスポー）対左利き（サウスポー）では、守りではなく攻めないと勝てない。リスクを冒すような攻めが必要になるし、守ったほうが負けという展開になりがちだ。攻めるための準備球が重要で、台上で先手を取りたい。

対左利きは、対右利きとは全く別の戦い方をする。大体はフォア前サービスからの展開にする。

シェーク両ハンドドライブ型（右利き）への戦術としては、まずフォア前へサービスを出して、まず右足を前に出させる。右足が前に出れば次をバックハンドで強く振るのは難しいから、右足を出させてからバックを狙う。もしくはフォアミドルを狙っ

水谷隼の《対シェークドライブ型戦術》

ても良い。また5球目、7球目という早い段階でストレートへの攻撃を多くすることも重要だ。

【両ハンド】 フォアハンドとバックハンドの両方を同じように使うこと

フォア前にサービスを出し、相手を前に寄せてから、3球目フォアドライブでミドルを狙う

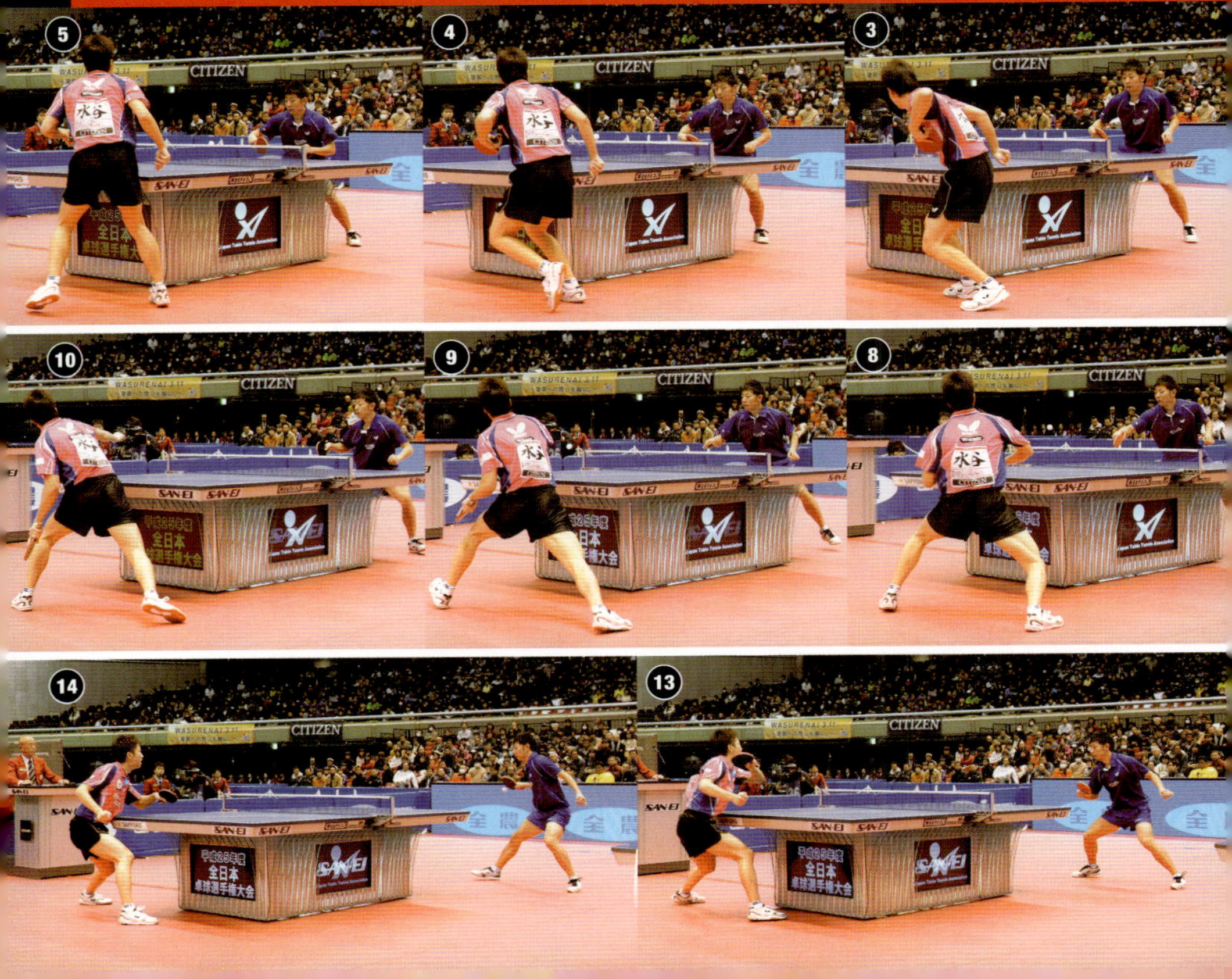

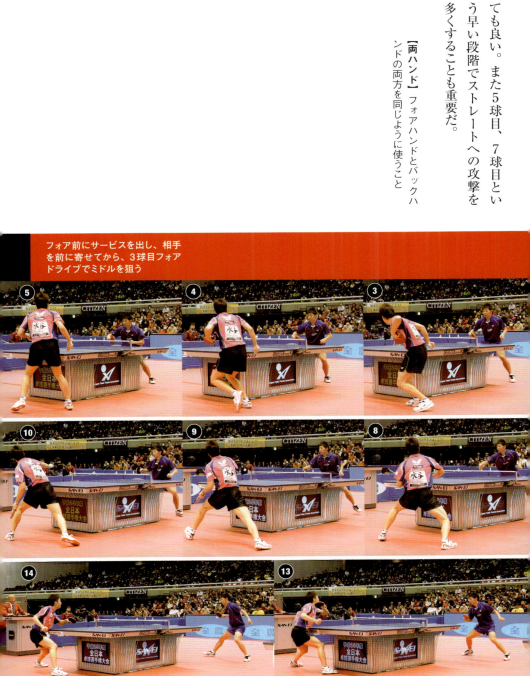

74

—対カットマンの戦術

粒高は回転量が決まっているので ラリーになったら粒高面を狙っていく

フォア裏ソフト、バック粒高《つぶだか》のカットマンに対しては、基本的にバック粒高のボールを狙う。粒高ラバーは自分が打ったボールに対して決まった回転量で返ってくるのでそのボールを狙う。

つまり、粒高面にサービスを出せば回転はある程度読めるので、それを狙っていく。自分が回転量の多いドライブを打てば、相手の粒高のボールは切れて返ってくる。また、ツッツキで相手の粒高面に送れば、相手ボールはナックルで来るので狙っていくことができる。

相手が表ソフトを使っている場合は、粒高よりも慣れるまで時間がかかる。粒高はこちらのボールで相手の回転は大体読めるが、表ソフトだと相手は自分の意志でナックルにしたり、切ったりしてくるので、ここに打った時にはこのくらいの回転で返してきた、というように相手の球質に慣れる時間が必要なのだ。

カットマンとはいえ、バックはカットするがフォアはカーブロングやドライブという陳衛星《チェン・ウェイシン》選手（オーストリア）のようなスタイルには、フォアミドルを狙う。特にフォアから曲げながら相手のフォアミドルを突くのが有効になる。このケースでは、カットマンは十分な体勢でカットができないから、カットがナックルになってしまうことが多いのでそれを狙う。

朱世爀《チュ・セヒュク》選手（韓国）のようなカットでの守備範囲が広く、攻撃力のあるタイプは攻め方が難しいが、やはり決め球はミドルへ狙う。前に踏み込んできて打たれるのが嫌なので、基本的に前後への揺さぶりはやらない。打って勝ちたいし、カットを打って得点する戦術を使う。

バック面に粒高を貼っている朱世爀。猛烈に切れたカットからの攻撃が得意。決め球はミドルを狙う

バック面粒高で、フォア裏ソフト面ではカットをせずにほとんど攻撃だけの陳衛星。やはり狙うコースは相手のフォアミドルになる

75

●—対粒高の戦術

相手に好きなようにやらせた後につないできたボールを狙っていく

カットマンでなくても粒高を使った変則タイプには負けたことがない。粒高の選手には「好きなように打ってください」という返球をする。サービスは全部ロングサービスを出す。ショートサービスを出すとプッシュなどで変化をつけてくるので、ロングサービスから始めて、あとはすべて相手にやらせる。粒高は自分から打つことができずに、相手の強いボールを利用する用具なので、好きなようにやらせておいて、ある程度台から距離を置きつつ、相手がつないできたボールを狙う。

こちらが切ったボール（下回転）に対しては前進回転になって返ってくるので狙っていけるし、逆にこちらのドライブは切れた下回転になって返ってくるので、つないでいって無理をして打つことはしない。

粒高を使っている選手に対するまずい攻め方は、ドライブして切れた強い下回転で返ってきたボールをまた無理に打とうとすること。これでは、相手の術中にはまる。

卓球をやっていれば、誰もが必ず粒高を使う選手と試合で対戦する。下回転を送ると上回転になってくる。上回転ボールを送ると下回転になってくる。押してきたらナックルになってくるという粒高の原理を頭に入れておけば攻略はできる。

陳衛星タイプのギリシャのギオニス。バック粒高面は相当に切れたカットを使う

ANA
BUTTERFLY

76

●守りの堅い選手に対する戦術とチームメイトへの戦術

テンポ、タイミング、コースを変える工夫が必要

守りの堅い選手に対しては、こちらから攻めていって崩す戦術と、相手に攻めさせる戦術を使い分ける。相手がブロックのうまい松平健太選手なら攻めていく戦術を使う。自分が守っていたら勝てないし、相手に打たせるときついので、自分から攻めていく。ブロックはうまくても打ち抜く自信はある。

張一博選手も同じで、彼のブロックは堅いけれども基本は攻めていく戦術を使う。攻めていく戦術と打たせる戦術をメリハリをつけて使っていく。

最も良くないパターンがブロックで振り回されて、こちらが打ちあぐんだ末に強く打たれるパターンだ。ブロックする側も苦手なコースやボールは絶対あるので、相手の嫌なポイントを探す。守りの強い選手は、同じテンポ、同じ球質のボールにはめっぽう強いので、テンポを変え、タイミングをずらしたり、コースを変える、フェイントを入れるというように工夫しないといけない。

張一博選手ならば、思い切り回転をかけたループドライブで攻めて、ブロックしてきたボールを踏み込んで打っていくと

水谷隼の《3球目フォアドライブ》

か、次にはループからではなくいきなり強く打っていくとか、攻撃に変化をつける。

また、チームメイトのように普段練習をしている相手と対戦した場合、基本的には試合前から「こういう戦い方をするぞ」と準備をしておく。よく「水谷は練習の時と試合の時で、攻め方やボールが全然違う」と言われる。

練習の時というのは、目的は練習相手に勝つことではなく、自分の実力を上げることだから、相手の心理面を考えて練習しているわけではない。当然、練習と試合では打つコースも回転も違ってくる。自分の弱点を克服しよう、苦手なところを突かれても自分の体が反応できるようにしよう、今よりももっと動けるように、もっと反応できるようにしよう、という目的を持つのが練習なのだ。練習の時に相手の弱点を突いたりはしないいし、心理面を読んだりはしない。

しかし、実際に試合で対戦すれば、相手の心理を読みながら弱点を突き、練習の時から知っている相手の長所を封じるようにする。だからこそ、私のプレーは練習と試合で違うと感じるのだ。

バックサイドにサービスを出し、あまく浮いたツッツキレシーブに対し、3球目フォア強打

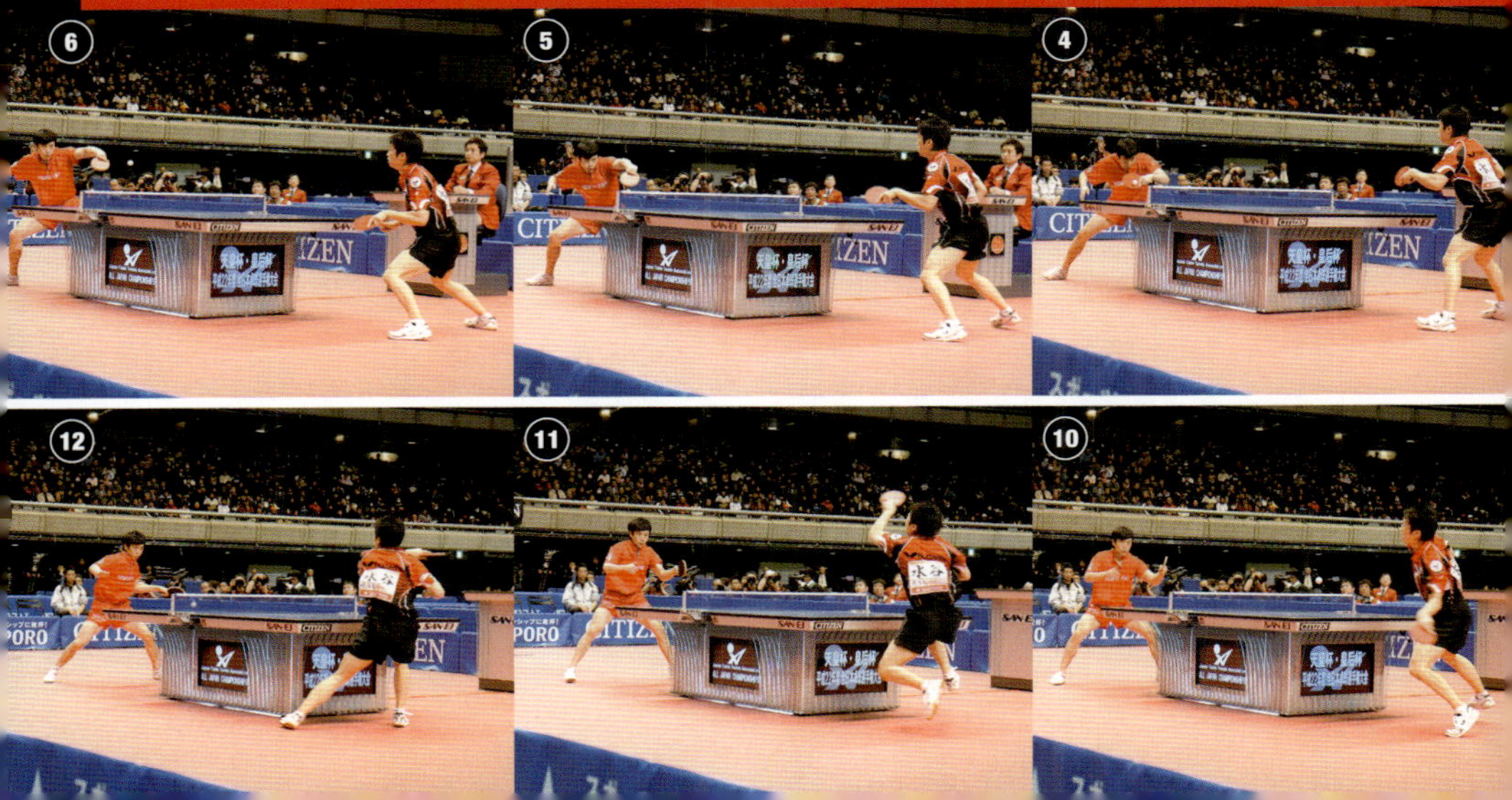

77

●ゲームの捨て方

次のゲームのために布石を打つようなサービスを出しておく

ある程度リードしていたら、次のゲームのことを考えて、それまで出していなかったYGサービスを出したり、ロングサービスを出しておく。そうすると、相手に「あっ、水谷はロングサービスがあるんだ」と意識させることになる。

リードされた時も、それまで出していないサービスを出して、実際には次のゲームで出さなくても、相手に意識させておく。また、ロングサービスを何本も連続して出したり、バックサービスを出して流れを変えようとすることはある。

ゲームで4－9というように5、6本離れると、ほぼそのゲームは落とすことになるので、入っても入らなくても気にしないというプレーをする。それで入れば相手にプレッシャーを与えることになるし、もしそれが入って逆転できたらラッキーということになる。

もし後がない場合は、「もうギブアップ、諦《あきら》めました」という雰囲気を出して、相手を油断させることはある。卓球は心理戦だから、自分がやることもあれば相手がやってくることもある。

またバックサービスを出して相手を一瞬油断させることはある。それで、そのまま負けて、「水谷は試合を捨てた」「試合を流した」とか言われることもあるが、そういう心理戦はわかる人にしかわからないから仕方がない。

MIZUNO
ANA
WASURENAI 3.11
STARR

78

●世界のトップ選手　張継科のプレー

YGサービスとチキータ。そしてミスのないフォア前のレシーブ

張継科の特徴は、やはりYGサービス。YGを主体にして組み立てる選手の出現は世界的には彼が初めてだと思う。彼のYGの下回転は非常に切れている。わかっていてもネットミスするほどに切れている。

またレシーブでの特徴はチキータ（台上バックドライブも含む）で、サービスとレシーブが群を抜いている。また目立たないけれども、フォア前のストップレシーブもうまい。全くミスをしない。

つまり、どの選手も張継科にチキータをされるのが嫌なので、フォア前にいろいろなサービスを集めるけれどもそれに対してミスをしない。あれほどレシーブのうまい選手は見たことがない。チキータが目立っているけれども、実際に彼がすごいのはチキータができなかった時のレシーブなのだ。

それ以外には、彼の勝負強さ、思い切りの良さというのは素晴らしい。自信を持った攻撃があるし、中陣での打ち合いよりも前陣での連続攻撃が彼の特徴だろう。

精神的なムラというか、気持ちの波があるために取りこ

ぼしもあるが、ここ一番という時の強さがある。自信を持ちすぎているから、それが効かなかった時に崩れるのかもしれない。

短いYGサービスを出し、相手のストップに対して、右足を踏み込み3球目台上バックドライブ

張継科の《3球目攻撃》

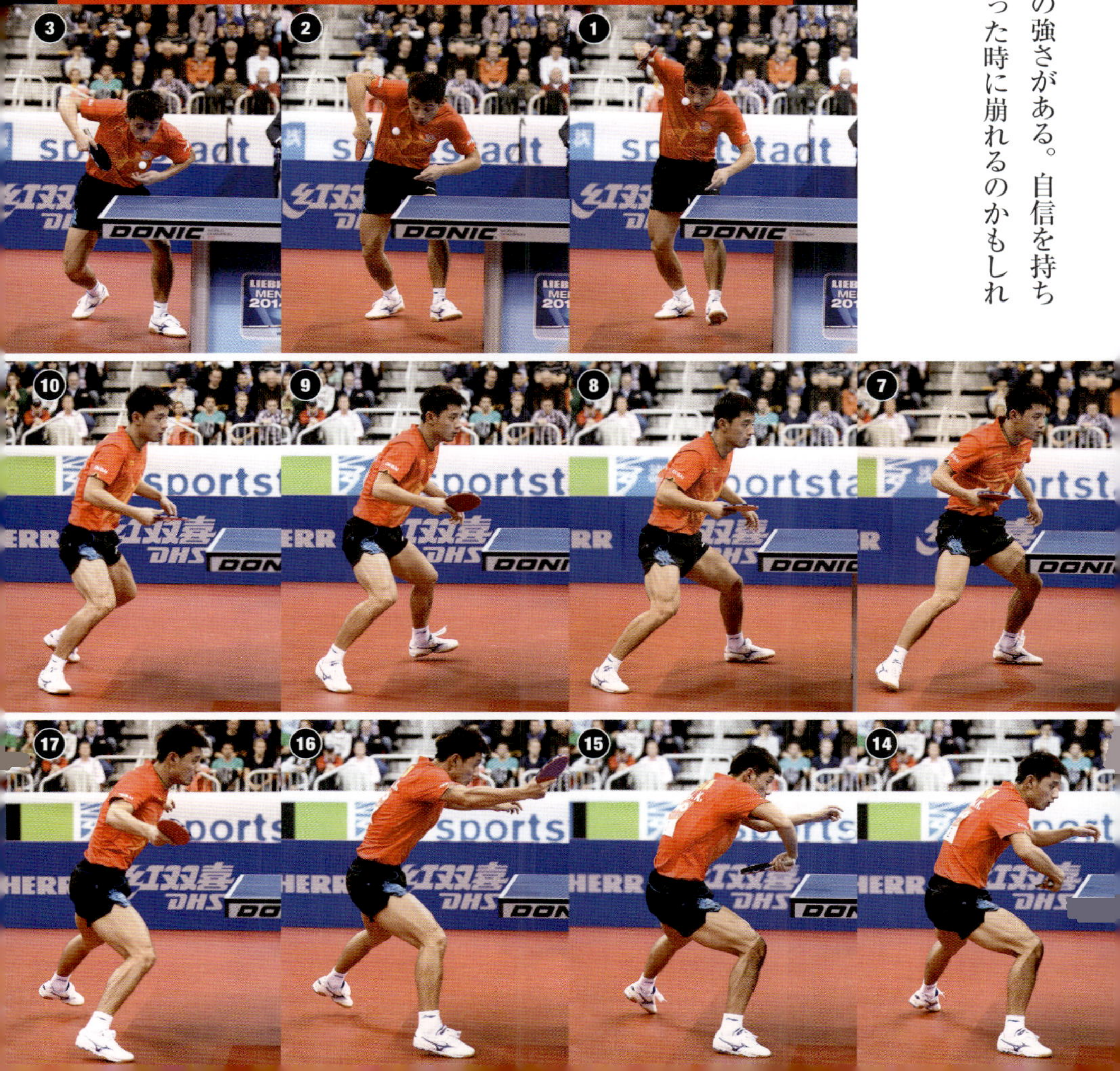

79

●世界のトップ選手　王皓・許昕・馬龍・樊振東のプレー

王皓のサービス、許昕のフォアドライブ、オールラウンドの馬龍、そつのない樊振東

王皓はサービスがうまい。上回転とナックルしかないけれど取りづらい。レシーブではチキータ、また裏面バックハンドでカウンターを両サイドに打ち分けるのも特徴的だ。

裏面バックドライブの質が高く、取りづらい。コースもわかりづらく、回転量も多いし、ナチュラルに変化する。

弱点は精神面。相手を見下した部分があるから、取りこぼす面もある。それは張継科と似ているが、集中した時には強い。タイプとしては一番やりづらい。

許昕は中国選手の中では最もフォアドライブの威力がある。テクニックもあり、カウンターもうまい選手

馬龍の《バックドライブ連打》

だ。カウンターが低いところから低い弾道で来るのが特徴。弱点はバック。フォアに送った後のバックハンドを狙うしかない。

馬龍は、中国選手の中で最もオールラウンドにプレーできる選手だ。両ハンドも打てて、台上もうまく、取りこぼしのない安定した選手である。技術的な弱点は見つからない。強いて挙げれば弱点はメンタルか。

急激に成長した中国の若手、樊振東の卓球は馬龍に近い印象がある。そつなくすべての技術をこなす。チキータとバックハンドが目立つが、フォアハンドもしっかりしていて、威力もある。馬龍より打法のバリエーションが少ないが、バックハンドは馬龍よりうまいという特徴がある。

ツッツキをバックドライブで持ち上げ、相手のブロックには早い打球点で前陣バックドライブ

80

●―世界のトップ選手　ボルとオフチャロフのプレー

ボルのループドライブは出色、実力伯仲のオフチャロフは両ハンドが強い

ボルは、質の高いループドライブが特徴だ。回転量がすごいために、ナチュラルに変化する。サービスも普通のサービスとYGを使い分けるのが巧みだ。レシーブはそうでもないが、サービスはいろいろなコースに出せて、返球が少しでも台から出ればループドライブで攻めてくる。

　メンタルはそう強いほうではないと思う。競り合いになるとサービスはわずかに台から出る。ジュニア時代にドイツに行った時から最も影響を受けた選手で学ぶことが多く、尊敬している選手だ。

　同じドイツのオフチャロフはレシーブがうまいと言うよりもチキータの質が高い選手だ。両ハンドから

オフチャロフの《カウンターBD《バックドライブ》からの展開》

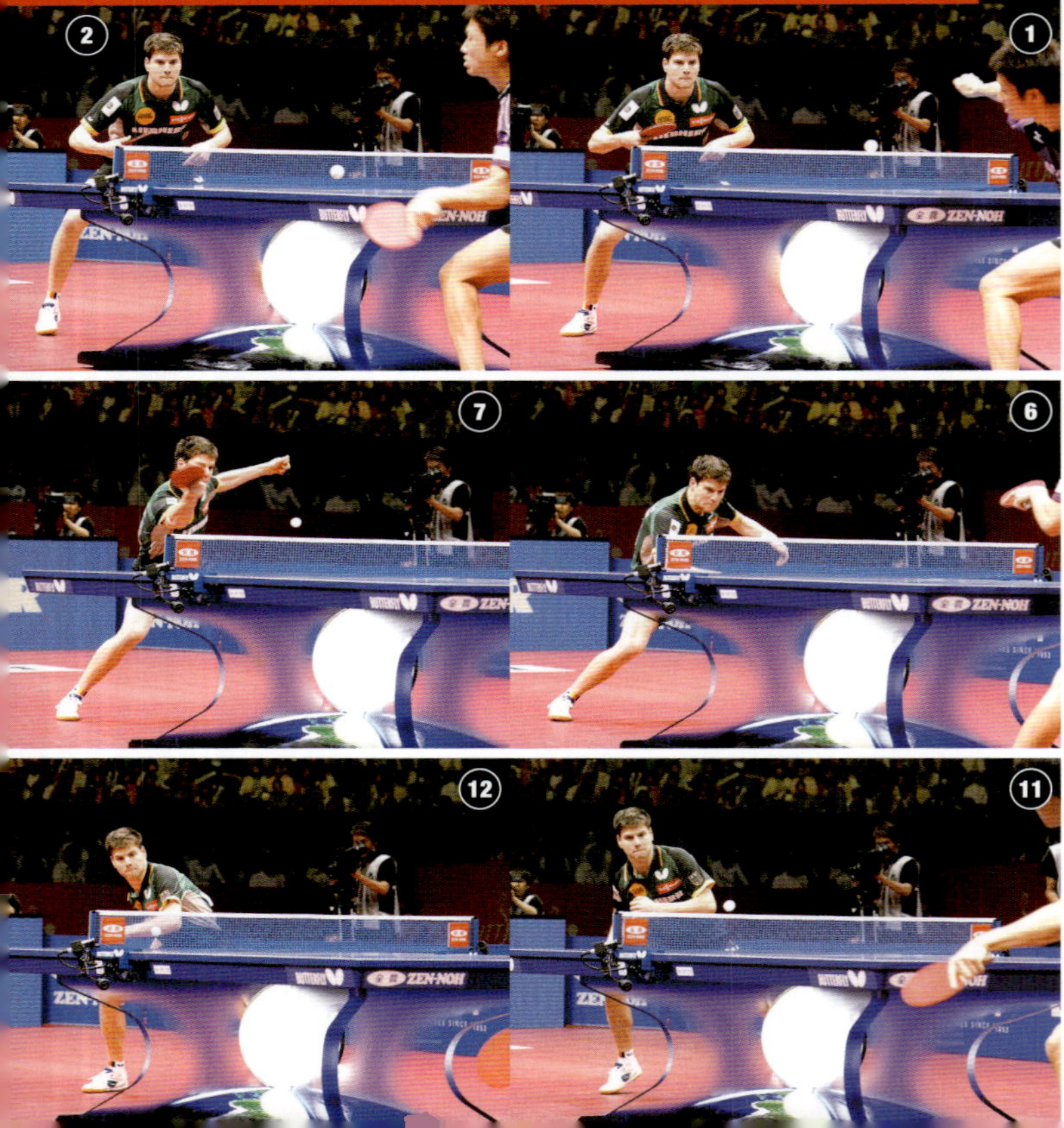

強いボールが打てる。昔はムラがあったのに、最近は安定していて格下の選手には負けなくなった。

最近は彼とは実力が伯仲《はくちゅう》し、お互いが心理面やちょっとした部分で勝負が決まる。その試合で凡ミスをしなかったとか、少しだけ思い切れたというようなわずかな面で勝敗が決まるような戦いが多い。

相手のループドライブに対し、バックドライブでかけ返してから、フォアドライブにつなげる

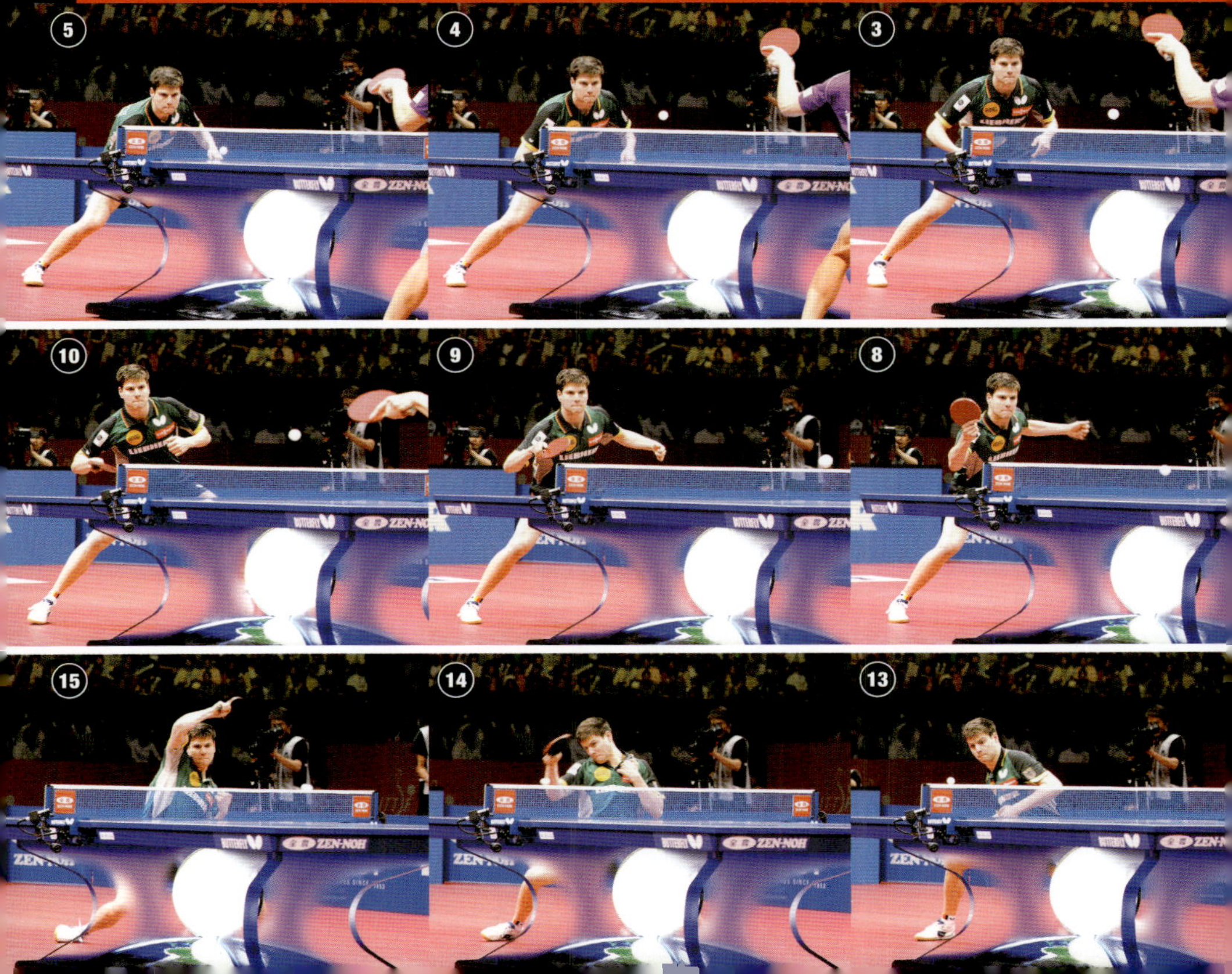

81

●世界のトップ選手　丹羽孝希・松平健太・村松雄斗のプレー

丹羽のチキータ、松平のブロック、村松のバックハンド攻撃が特徴

丹羽孝希選手はやはりサービス、レシーブがうまい。サービスの回転量もあるし種類もある。サービスが効かない時と、レシーブでチキータができない時に彼は劣勢に追い込まれる。他の選手も彼のチキータは警戒しているので、丹羽選手に対してチキータをさせないサービスだけを出してくるのが最近の傾向だ。

松平健太選手は全体的に何でもできて平均してレベルが高い。ブロックもうまい、ドライブもうまい、バックハンドもうまい、台上もサービスもうまい。だが、ブロックがうまい分、怖さはないスタイルなので攻撃して崩していく。

カットの村松雄斗選手はバック表

丹羽孝希の《チキータからの展開》

ソフトのカットはやりづらい。もっともっとこれから強くなる選手で、私の中でも期待している選手だ。特に、バックハンドを振れるのは大きな長所だ。ツッツキを入れた時にバックドライブを打たれるのは脅威であり、日本男子の一番の有望株だと思う。

フォア前のサービスに対して、チキータで先手を奪い、4球目フォアドライブで決める

STARTS
J.MIZUTANI
JPN
ZEN-NOH

第7章
メンタル
MENTAL

「ぶるう」のは当たり前だと思えばいい。
ぶるってもそこで勝てるだけの地力を
備えればいい

82

●―試合は緊張するもの

緊張しても、緊張しなくても結果は同じだからリラックスして試合に臨む

全日本選手権のような大きい大会になると緊張して、プレッシャーがかかるので、大会期間中はずっと体調が悪い状態になる。緊張しても緊張しなくても結果は同じなので、「負けてもいいや」と開き直るようにしている。しかし、開き直っているつもりでも、結局コートに立ったら勝ちたい、負けたくないと思うのがアスリートだ。コートに立ったらその「勝ちたい」という強い気持ちは同じだから、自分にプレッシャーをかけて試合前を過ごすのも、リラックスしてボーッとしながら過ごすのも同じだということがわかった。今は自分のテンションを上げることもせずに試合前の時間を過ごすようにしている。

実際には、試合前の待ち時間から試合前の練習までは緊張している。ただし、ラブオールの声がかかれば緊張は消える。だからジタバタしない。

２０１４年世界卓球東京大会では、大会前に受けた岡澤祥訓先生（奈良教育大）のメンタルの講義が参考になった。それは試合前に緊張するというのは「負けを恐れているからだ」という内容だった。

昔は、自分は勝つんだ、勝たなければいけないんだと自分にプレッシャーをかけて、苦しい思いをして、そういうプレッシャーがあるからこそ自分は勝てるんだと思っていたが、プレッシャーをかけてもかけなくても結果は同じなんだと最近わかってきた。

負けたとしても全力を尽くして負けたなら仕方がないのだから、自分にプレッシャーをかけて苦しい思いをするよりは、リラックスしてやろうと思ったら、良い精神状態で戦えるようになった。

83

大事な試合の前の日
試合のことを考えたら眠れなくなるから頭の中から消してしまう

大事な試合の前の日は、試合のことは考えない。頭の中から消してしまう。少しでも試合のことを考えたら、頭の中でぐるぐる駆け巡って眠れない。朝まで眠れなかったということが今でもある。全日本などでは特にそうなりがちだから、頭の中から消してしまう。試合会場でも、いったん相手のことを考えると体調が悪くなるから、試合直前にのみメモを見るとか、戦術を考える。大会前に自分が対戦するような相手の分析はすでに終わっているので、いざ大会が始まったら考えないようにする。

試合当日は食欲がないから、全日本の時でも、早めに起きて20分くらい散歩する。青森山田中・高にいた時には朝早く起きて会場の周りをランニングして、それから朝食だった。今だったら、朝はコーンフレークとかヨーグルトとか、消化の良いものを食べる。それしか喉《のど》を通らないからだ。そして、会場に行ったら試合の合間《あいま》におにぎりやサンドイッチを食べる。

今まで、調整で失敗したことはたくさんある。食べ過ぎて失敗したとか、食べないで失敗したという例がある。試合の時間がわかっている場合は逆算して食事などを準備しなければいけない。

そして試合当日は、練習しすぎないことが重要だ。試合の時には自分が思っているよりも2倍くらい疲れていると思ったほうがいい。試合時間は45分間くらいだが、その前に1時間半くらい練習をやると、1試合のために2時間半くらいは使っているので、1日3試合あるとそれでもう7時間以上もボールを打ったことになる。それに、ボールを打っていない時も一日中試合のことを考えているから、想像以上に疲れている。だから、練習時間は減らしたほうが良い。過去に試合当日疲れすぎて失敗した経験は多くある。

試合前の練習は、あくまでも体を温めること、用具の状態をチェックすること、それでよい。そこでがっちり練習をやっても、今さらうまくなるわけではない。体が温まり、用具が決まれば10分の練習時間でもよい。

84

ガッツポーズ

ガッツポーズや応援だけで試合には勝てない。気合いや喜びは自然と出てくるものだ

小さい頃からガッツポーズを連発したり、コート上で騒いだり、ベンチで飛び上がったりしたことはない。チーム戦であっても勝つことが何よりのチームへの貢献だから、自分がプレーする場合は勝つためにガッツポーズをしているわけではない。ガッツポーズというのは、自分の気合いや喜びが自然と出るものであって、意識してやるべきものではないと思う。

ガッツポーズを元気よくやったら試合で勝つというルールがあるのなら、いくらでもやるかもしれないが、試合というのは相手よりも多く得点して勝つものだから、ガッツポーズの有無は関係ない。

チーム戦であっても、ベンチでの応援やガッツポーズは、選手を鼓舞《こぶ》するためとは言え、強制されるべきものではなく、自然のうちに出るものだと思う。2014年の世界卓球東京大会でも、団体戦のベンチで立ったり座ったりして応援していたら脚がおかしくなったので、途中からは立ち上がっての応援は要所でしかやらなかった。自分の出番前にベンチで応援しすぎて、疲れてしまって負けては何の意味もない。それなら自分はウォーミングアップに行ったり、冷静に試合を見ていればよい。自分がどれだけ最高のレベルに近いプレーができるかが大事であり、それで勝利をあげてチームに貢献することが重要なのだ。

卓球の試合が本当にベンチの応援や選手のガッツポーズで勝てるのなら、ボールを打たないで応援やガッツポーズの練習をすればよい。しかし、実際の卓球の試合は技術力や戦術力によって勝負が決まるものだ。

応援があるのがいいのか、なくてもいいのかと言えば、ないよりはあったほうが良いだろうし、ベンチがシュンとしているよりは盛り上がっているほうが良いだろう。応援のメリットとして、選手が最後まであきらめないとか、集中力を切らさないという面もあるのかもしれない。ただ、卓球は勢いだけでやるスポーツではない。

2014年世界卓球東京大会、準決勝のオフチャロフ戦
での筆者。ガッツポーズは自然に心の中から出てきた

85

ポーカーフェイス

闘志むき出しで吠えるタイプにはすべての間合いを短くする

選手個人がガッツポーズをする、しないというのは、その選手の性格的な面が関係している。闘志を表に出さないと調子が出ない人もいるから、私が良い悪いとは言えない。

私がなぜ闘志を表に出さないか。まずは冷静に相手を観察していくためであり、興奮状態になりすぎると冷静にプレーができないマイナス面があるからだ。一方、ガッツポーズを戦術的な駆け引きの材料にすることもある。

相手がガッツポーズをしたり、吠《ほ》えたりするタイプでない場合、私も吠えない。そして、大事な局面で得点した時に吠える。これは感情で吠えるのではなく、戦術として吠える。そうすると、相手は「なんでここで吠えるんだよ」と一瞬たじろぐ。

逆に、相手が闘志むき出しで吠えるタイプの選手の場合は、すべての間合いを短くする。自分がサービスの時でも、インターバルを短くしてすぐに次のサービスを出す。レシーブでもテンポを早くする。つまり相手に余分な時間を与えないような試合にしていく。相手が点を取れない状態を続けさせてシュンとさせる。

丹羽孝希選手はポーカーフェイスで試合のテンポも相当に早い。相手に考える間合いを与えないほど早い。あれは丹羽選手の独特のスタイルだが、私はそのリズムをわざと崩すようにして、自分の空間に彼を引きずり込むようにしている。それも選手同士の駆け引きのひとつだ。相手のペースに持ち込ませないことが非常に重要だ。トップ選手は誰もが、自分のペースを持っている。

しかし、私自身の決まったペースというのはない。相手のペースを崩すのが自分自身のペースなのだ。早くもできるし、遅くもできるし、吠えることも吠えないで戦うこともできる。それも、戦術のひとつだ。

世界卓球東京大会での筆者。努めて冷静に戦い、ラリーとラリーの間には相手を観察することを忘れない

ポーカーフェイスの丹羽孝希選手。試合のテンポも早く、相手に考える余裕を与えず、かつ心理を読ませない選手だ

86

開き直りのメンタル

「ぶるう」のは当たり前だと思えばいい

私は試合の時、よく緊張する。そういう時には、自分を客観視しながら「オレが緊張するんだ、このオレ様が」と考えることで、緊張からワクワクする感じになるように意識を変えていく。

自分自身はメンタルが強いとは思っていない。ただ、勝つことを求められるようになってから、負けることは怖いと思っている。競り合いでのメンタルで言えば、今の選手では許昕《シュ・シン》(中国)はすごいと思う。試合の出足は6割か7割だけど、最後のほうになってトップギアに入ると相当に強い。

以前の私は、ビッグゲームになると自分で自分にプレッシャーをかけて「絶対優勝します」というように宣言していたが、今は開き直るようになっている。「負けたら負けたで仕方がない」というような気持ちに変化しているのだ。勝つ時というのはプレッシャーをかけてもかけなくても勝つし、負ける時には何をやっても負ける。だから、自分自身に必要以上のプレッシャーをかける必要はない。

「大舞台でぶるわないメンタルとは何か」と問われても答えは出せない。なぜならば、自分も大舞台でぶるっているからだ。世界卓球東京大会の時、オフチャロフに勝った時でも自分はぶるっていて、100の力を出せていない。他の選手と持っている技術力が違うからオフチャロフにも勝つけれど、ぶるわなかったら自分はもっと強いと思っている。

だから「ぶるう」のは当たり前だと思えばいい。ぶるってもそこで勝てるだけの地力《じりき》を備えればいい。

試合前は勝った後のことをイメージする。勝った後に何か良いことを自分が獲得できると思う。以前コーチだったマリオ・アミズィッチには「No Practise・No Win・No Money」(練習しなくては、勝利はないし、勝たなければお金は入ってこないんだ)と言われていた。まさにそれがプロ根性かもしれない。

2014年アジア競技大会の男子シングルス決勝で樊振東を破り、アジアチャンピオンになった瞬間の許昕

トップギアに入ると相当に強い許昕。特に競り合いになった時のメンタルの強さが光る

87

●—敗戦に耐えられないから勝ちにいく

試合で負けても バネにはならない

試合で負けてもバネにはならない。自分は負けたら落ち込むことが多い。勝つことのほうがバネになる。

負けてバネになるというのはきれいごとで、負けてバネになる人はいないと思う。負けて課題が見つかることはあってもバネにはならない。ものすごく一生懸命練習して試合をやって負けたら、それ以上はできないと思う。負けるまでに一生懸命やっているから、それ以上頑張れないと感じる。負けることがバネになる人はそれまでの過程のどこかで妥協《だきょう》していたのではないか。

負けてもバネにならないから、負けることが耐えられないから、試合で勝ちにいく。絶対負けたくない。昔は負けて落ち込んで「あの時こうしていたら」とか、とても後悔するタイプだった。今は逆に敗戦がバネにならないのを知っているから、負けた後に負けたことをくよくよ考えないようにしている。

負けたことを考えたら気持ちも落ちていくので、次のことしか考えない。ただ自分としては負けた後の立ち直りがまだ遅いというか、あまい。負けを引きずることがあるから、そこは修正しなければいけない。

平成23年度全日本選手権大会（12年1月）のシングルス決勝で吉村真晴に逆転負けして、6連覇を阻まれた時の水谷。敗戦後、打ちひしがれた（奥は明治大の高山幸信監督・当時）「すごい悔しかったのは当然です。悔しいし、戻れるならあの時に戻りたいという思いが常にあります」（卓球王国14年2月号「水谷隼・真実のインタビュー」より）

88

勝敗を分けるのは自信と経験

試合には「冷静に」入る。「自分は強い」と自己暗示をかける

試合に入る時には自分を興奮させていくのか、それとも冷静に入るのか。私の経験上、興奮して入ったら失敗する。全くテンションを上げないで試合に入ったほうが良い。それは人によって違う。興奮して入ったほうが良いという人もいると思う。

興奮して入っていくと、周りが見えなくなって焦《あせ》ってしまったり、無理して打ってしまう。冷静さを失っているのだ。勝ちたいあまりに打ちすぎてしまうし、得点をすぐに取りにいってしまう。こういう時は弱い。自滅するパターンだ。「勝たなきゃいけない」と思いすぎると、焦って、そしてぶるってしまう。

卓球の場合は、攻めと守りのバランスが大事。相手も攻めたいと思っているわけだから、すべてのボールを攻めることはできない。サービスを持った時はある程度攻めることができても、レシーブの時はある程度守りになる。それなのに、レシーブの時でも強気で行き過ぎたらプレーがおかしくなる。今は努めて冷静になるようにしているし、試合でも練習のようにプレーするようにしている。

試合で最後に勝敗を分けるのは自信と経験だ。相手よりも絶対自分のほうが強いんだと言い聞かせることが重要だ。自分に自己暗示をかけるのだ。ただし、それは練習による裏付けと、敗北と勝利を経験しているからこそ湧《わ》き上がってくる自信なのだ。

以前はメンタルの波が大きかった気がする。今は逆に点数が離れてリードされても、それがチャンスだと思えるが、昔はあきらめることが多かった。大きくリードされたら、いろいろなサービスやレシーブを試してみる。そうすると「あっ、このサービスやレシーブは効くかも」と感じる時がある。その効いたサービス、レシーブを次のゲームでいきなり使って、試合の流れを変えることもできる。

89

●—敗者のメンタリティー

強気に見える作戦が「逃げている」

競り合った場面や勝負弱い選手に共通しているメンタリティーがある。つまり、それは「敗者のメンタリティー」だ。

「強気、強気」と日本ではベンチとか選手同士で言うことがある。そうした時に、それまで出していなかったロングサービスを出したり、ストップをしていたのに急にフリックしたりする選手がいる。実はこれは強気ではなく、ただ「逃げている」だけなのだ。苦しい状況の中でその苦しさに耐えられなくて逃げているから、無理に打ったり、ロングサービスを出したり、急に今までと違うプレーをしたりする。

その苦しさの中で耐えて耐えて踏みとどまることが重要だと思う。「強気の戦術」というのは、耐えながらも自信のある技を使っていくことだ。それまで使っていない、自信のない技術や戦術を使うとか、無理なボールを打ってしまうのは「強気」ではなく、ただ「無茶」なだけだ。それは実際には勝負から逃げているだけだ。その選手の技術力に合わせた戦い方を指示するのが正しいアドバイスなのだ。

2014年ワールドカップ決勝（馬龍戦）の最終ゲーム。10-10で自分が自信を持っている台上バックドライブで相手のフォアを打ち抜いた張継科

90

●一番言われたくない言葉

「集中しろ」「強気だ」という言葉は意味がない

自分では、ポーカーフェイスは意識してやっている。自分自身は冷静に振る舞い、相手を観察していく。最初から最後までずっとガッツポーズは出せないし、疲れてしまう。プレーに集中したいから余計なところにエネルギーを使いたくない。

以前から「元気を出せ」とか「集中しろ」とベンチで言われることがある。でも、自分では集中していると思っている。

確かに相手がやる気のない、強くない選手の時に相手に合わせてしまうことがある。「自分の力をこんな相手に出すのはもったいない」と思ってしまい、相手に合わせたプレーになり、参戦したロシアリーグでもベンチから注意されたことがある。ただし言われれば言われるほど頭にきてすねてしまう。一度そうなるとスイッチはＯＮに入らない。

大事な試合の局面で「強気だ」「集中だ」とか、意味のない掛け声を聞くのが一番腹が立つ。それは「いけない日本の文化」だと思う。言葉自体が意味がないと思っている。やめたほうがいいのではないか。

大事な場面で意味のない精神論を言われるのは耐えられないのだ。それなら「フォア前のサービスだ」とか「レシーブはバックへ」とか、技術的なアドバイスを言われるほうがいい。

私の場合、試合中丁寧《ていねい》なプレーを心がけることもあれば、もちろん思い切って仕掛けることもある。つまり「これをやらないと勝てない」という時に仕掛ける。メンタルに必要なのは実は技術だ。いくらメンタルが強くても技術がなければ試合では勝てない。だからこそ、戦い方や勝負を、簡単に「強気」と「弱気」という言葉で片付けるべきではないのだ。

91

仲良しクラブでは選手は強くなっていかない

●—群れを作らない

ドイツに行ってひとりで生活するようになって、ひとりでいるのが苦にならなくなったし、集団でいると自分の限界にたどり着けず止まってしまう気がする。自分から群《む》れに入ることはしないけど、自分についてきたら拒《こば》まない。それでも孤独感は感じない。自分は自分のことをやるだけだし、群れていない不安感もない。

日本の人は良い意味でも悪い意味でも周りに気を遣うけど、それがマイナスに働くこともある。たとえば、あるチームに練習に行こうとしたら「今日は人数が多いから無理だ」と断られたことがある。あらかじめ、お願いしていた人たちが来るから、水谷が来ても台がないから無理だと断られたのだ。

日本ではチャンピオンといえどもあまりリスペクトされない。仲良しクラブを作りたがるし、プライベートと練習が一緒にされてしまうから、「チャンピオンだからといって、いきなり水谷が来てもらっても困る」という感じだったのだろう。

ヨーロッパではそういうことはないし、強い選手と練習をやるのは最も選手にとって刺激になることなのだ。練習効果も高いから、逆に強い選手を呼ぼうとするし、強い選手を優先的に扱う。ましてや普段仲が良くても、プライベートと練習は別物。それは彼らが「結果がすべて」というプロ意識を持っているからだろう。だから彼らは強い者同士(同じレベル同士)でしか練習をしない。仲が良いとか悪いとかは関係ない。ヨーロッパでは強い選手から優先的に相手を選ぶことができるのだが、日本ではコーチが指示をする時以外で、自分たちだけで相手を決める際に自分が余ってしまうことがある。

遠征に行っても「水谷さん、練習してください、お願いします」と言われたことはほとんどない。別に水谷さんと仲が良いわけじゃないから……と敬遠されている。プライベートと練習が混同されることは多々ある。

チャンピオンでいると遠慮されるのは覚悟しているが、もし強くなりたいのならば、自分から強い人をつかまえて練習すべきだ。前述したように、選手というのは強い人のボールを受けたり、今までやったことのない人と練習をしたほうが絶対強くなるのだから。

2013年から参戦しているロシア・プレミアムリーグ。『UMMC』というクラブに所属し、日本人が誰もいな環境でエースとして活躍している筆者

92

●—相手の心理を読む

相手の心理や性格を読みながら戦術を変えていく

これは卓球選手の職業病かもしれないが、私は人の心理を読むことに長《た》けていると思う。初対面でも「この人は今こう思っている」とわかってしまう。

相手の表情を見た時に、目をそらすとか、瞬《まばた》きが多いとか、そういうところを見てしまう。初めて試合で対戦した選手でも、その人の心理を読むことはできる。トップ選手でもすぐに顔に心が出る人もいれば、丹羽選手のように表情がなく、読みづらい選手もいる。

試合では相手の心理や性格を読みながら、戦術を変えていく。相手が困っているなと思ったら、あえてテンポを早くして攻めていったり、相手が弱気になっている時にガッツポーズを出す。相手が自信を持っている時、強気で調子に乗っている時には、「オレは調子出ないよ」とわざと自信がないフリをして、相手に油断させてミスを誘うことも心理戦のひとつだ。

強い相手と試合をすると、逆に「自分の心理が読まれている」と思う時がある。ドイツのボル選手には「読まれているな」と思う時があって、そういう時にはこちらがチャンスボールをミスしてしまう。ボル選手はかなり相手を観察しているし、やはり経験を積んでいる選手だと思う。丹羽選手自身は経験は少ないが、彼は試合中でも相手を読もうとしているのがわかる。

また、相手にポーカーフェイスで試合をされると、本当はそうでなくても「自分が読まれている」と思ってしまう。何をやっても読まれている、うまくいかない、何をやっても点数が取れないと感じる時がある。そういう時には戦術を変えたり、サービスを変えたりして流れを変えようとする。

相手に心理を読ませないだけでなく、相手に「読まれている」と思わせるために、自分もポーカーフェイスで戦うことを意識している。

2014年ワールドカップでボル（ドイツ）と対戦する筆者（手前）。観察力に優れたボルと対戦すると「読まれている」と感じることがある

93

●—自分が相手だったら「水谷をどう攻めるのか」

競り合いになったら、次でどうやって点を取るのか。そこに集中すれば心は揺れ動かない

競り合いの時、自分がリードされて危ないという時には、相手の心理を読む。自分が相手だったらここで水谷をどう攻めるのか、と考える。そうすると「相手はオレのここを攻めてくるだろう」と読めてくるので、先回りして、その逆を突いていく。

たとえば、それまで私のバックへ長くレシーブをして打たれていたら、相手は当然競り合いで長くレシーブはせずに、短くレシーブしてくるだろう。相手が「この場面で水谷はこのサービスを出すと嫌だろう、ここにレシーブすると嫌だろう」というところを読んでおく。

9－9、10－10になっても焦るとか、びびるとか、競り合いだから気持ちが揺れ動くことは少ない。なぜなら、「次でどうやって点を取るのか」という部分に集中しているからだ。

ところが、そこで点を取る方法が見つからない時、いろいろ考えたけど解決方法が見つからない時にはパニックになるし、焦る。

以前、オフチャロフと対戦して、ジュースになってサービスを持った時に、どこに出してもチキータをされるイメージになった。バックにロングサービスを出したら打たれたという記憶も頭をよぎった。点を取るイメージが持てずに一瞬パニックになったのだ。「どうしよう……」と。

そういう時には考え方を切り替え、必ずチキータはされるのだから、された後に自分がどう対応するのかを考える。そこでパニックを回避する。

ゲームで10－10になる時にはそれまでお互いに20本は打っているわけだから、その中で何が一番効いていたかを記憶しておかなければいけないし、それを使えばいい。また、何で得点されているのかを記憶しておけばそれを使わ

なければいい。もしくは、それまで一度もやってないことをやっていく。

途中で効くサービス、打球コースがあって、「このままならジュースとか競り合いになるから、それまで使わないで取っておこう」という作戦ももちろんある。

2014年世界卓球東京大会の準決勝、オフチャロフ（写真手前・ドイツ）との対戦で劇的な勝利をあげた。「1-2の4ゲーム目、2-4くらいで負けていて、このままじゃ絶対勝てないと感じて、自分のスタイルを崩すというか、自分の知らない場所に踏み込もうかな、自分でさえ踏み込まない空間に相手を引き寄せようかなと思いました」（卓球王国14年8月号）

２０１４年ＩＴＴＦワールドツアーグランドファイナルで２回目の優勝を決めた瞬間の筆者。オフチャロフとの決勝をタフなメンタルで乗り切った

第8章
最後に
AT THE END

負けた時の悔しさは忘れられないが、
過去のことを振り返り、後悔していたらきりがない。
前に進むしかないのだ

94

連覇が途切れた後の2年間

過去の敗戦を後悔していたらきりがない。敗戦を忘れるように努力した

2012年1月から2014年1月までの2年間、自分は全日本チャンピオンでいられなかった。もし、あそこで勝っていたら、どういう世界が見えたのかと思うことがある。もし6連覇していたらその次の年も優勝できたかもしれないし、全くダメだったかもしれないし、それはわからない。どういう人生になっていたんだろうと想像することはある。実際にはどうやって負けたのかはよく覚えていない。2年間、その敗戦を忘れるように努力していたから。

当然のことながら、チャンピオンでなかった2年間は重圧を感じていた。2014年1月の全日本選手権はすごいプレッシャーだったし、優勝した瞬間はその重圧から解放された。

タイトルを失った2年間は絶対カムバックしてやろうと思っていた。6連覇できなかった全日本選手権の年、2012年ロンドン五輪があった。本当は全日本で優勝して行きたかったと今でも思う。

2011年度(平成23年度)の全日本決勝で吉村真晴選手に勝って6連覇していたら、次の年に丹羽選手に負けたとは思わない。勝っていたら違う人生があったんだろうなと思う。一方で、勝とうが負けようが今が良ければそれで良いとも思う。

ただし、あそこで負けたことへの後悔はない。もし6連覇していたら、ロンドン五輪では逆にすぐに初戦負けしたかもしれないし、次の年にすぐに負けたかもしれない。そういうマイナスの予測も成り立つわけだから、今現在の自分の卓球人生を受け入れるようにしている。

負けた時の悔しさは忘れられないが、過去のことを振り返り、後悔していたらきりがない。前に進むしかないのだ。

平成23年度全日本選手権決勝。吉村真晴に最終ゲーム10-7とマッチポイントを奪いながら痛恨の逆転負けを喫した

平成24年度全日本選手権決勝。雪辱を期したが、丹羽孝希に最終ゲーム9-11で敗れ、2年連続決勝で涙をのんだ

95

●—スポーツマンシップとフェアプレー
卓球ほど選手がスポーツマンシップを持ち、フェアプレーを守るスポーツはない

スポーツというのは選手皆に対して平等（フェアネス）でなければいけない。

卓球で言えば、ネットインした時、エッジボールになった時に吠える人がいる。これはスポーツマンシップに反する行為と言えるし、私はネットイン、エッジボールの時には軽く手を挙《あ》げ、「ごめん」という仕草《しぐさ》をする。しかし、もしこの1本で自分の人生が変わる、という場面で、ネットインやエッジボールをしたら自分も吠えるかもしれないという気持ちも一方ではある。

だから普段自分はネットイン、エッジボールでは吠えないけれど、吠える人を否定する気もない。しかし、そういう自分の人生を変えるような場面でない時に、相手を不愉快にさせるような仕草、行為は許されないことだと思う。

また2014年ジャパンオープンの決勝で自分が経験したように、明らかに誤審で、相手も自分の打ったボールが入っていないのを知っているのに認めなかった。これはまさにスポーツマンシップに反する行為だと思う。

正直者が馬鹿を見るのはスポーツの世界で許されることではない。スポーツは言葉を交わさなくてもお互いがプレーできる。そこにフェアネスがなかったらスポーツとは何なのだろうと思う。

例外はあるけれども、卓球はフェアプレーを守るスポーツである。ボールが入っていないのに、故意《こい》に「今のは入った」とアピールするスポーツではない。審判が間違ってジャッジして、両方の選手が「今のは違う」と言い、それでも審判が聞き入れない時に自分でスコアをめくりに行って訂正したり、わざと次のボールをサービスミスやレシーブミスしたりするような競技は他にはない。

他のスポーツでは、ファールを受けていないのにファールだとアピールする「シミュレーション」があったり、

ボールが入っていない時でも「入った」とアピールしたりする。または審判が見えないところで相手に打撃を加えたりする。

卓球のように、フェアプレーを選手自身がこれだけ守っているスポーツを他に知らない。我々卓球選手は、そういうスポーツをやっていることに誇りを持つべきだと思う。

エッジボールやネットインで入った時には「すみません」という意味で、軽く手を挙げる。これは卓球ではよくあるシーンだ。エッジやネットイン、相手のサービスミスでガッツポーズを出したり、大喜びをするのは「スポーツマンとしてのモラルとマナー」の問題だろう

96

●―ブースター問題
ルール違反のブースターは使わない。フェアプレーで勝つことが自分の信念だから

スポーツマンシップというのはお互いがフェアに戦うことだと考えている。今まで、私はブースター（補助剤）の問題でも「ブースター禁止のルールを守るべき」と表明してきた。片方の選手がルールで禁止されているブースターを使用し、もう片方の選手はルールを守って使わない。これは平等ではない。

ブースターの不正行為に対して、一時期抗議をしていたが、今はしていない。なぜならば言っても仕方がないという諦《あきら》めがあるからだ。自分は現役選手として時間がない。抗議して、試合に参戦しないことで時間を無駄にできない。自分の現役生活が短くなるよりは、プレーして多くの人を勇気づけることのほうが意義があると気持ちを切り替えたのだ。

自分のプライドに懸けて、ルールに違反してまで勝ちたくない。そういうことをしたら応援してくれる人に申し訳ないという思いがある。「フェアプレーで勝つ」という自分の信念に反することはしたくない。ブースター問題でも、海外の選手は私に「なぜおまえはやらないんだ」と何度も言ってきた。トップ選手の間で、ルール違反なのにブースターを塗る行為が公然と行われ、私が「ルール違反」とアピールすることに首をかしげ、「みんなやっているんだからおまえもやれば」という態度で接してくる。

しかし、そんなことまでして勝ちたいと思わない。もちろん、国際卓球連盟にはルール違反を許してほしくないが、みんながやっているからオレもルール違反をするよ、というような行動はできない。自分を応戦してくれる人も「勝つためには何をやってもいいだろう」とは思っていないはずだ。

試合になったら勝ちたいし、勝てば何かが手に入ると思っている。負けるのは大嫌いだ。しかし、汚いことをしてまで勝ちたいとは思わない。それをやったら選手としての信念を失い、プライドを捨てなければいけない。自分

がやってきた卓球が恥ずかしいものになってしまうからだ。

汚いことをしてまで勝てと言われたら、私は卓球をやめる。自分が「今のボールは入った」と思えば、しっかり主張する。しかし、嘘《うそ》をついてまで「入った」と主張することはない。卓球用具のドーピングとも言われる「ブースター使用」がルール違反である限り、私がそれを使うことはない。

【ブースター問題】 2008年にそれまでトップ選手や一般愛好者の間で長く使われていたスピードグルーが有害であるという理由で使用禁止となった。また、代替品として販売していたブースター、いわゆるオイル系のスピード補助剤（接着効果はない）も「後加工禁止」（出荷された商品に対して化学的な物質を使い、加工する行為を禁止）のルールで使用できなくなった。

ところが、本来は卓球メーカーが製造し、出荷した商品をそのまま使用しなければいけないのだが、中国ラバーや通常のラバーに対してブースターを塗り、膨らませている選手が多くなっていた。当時世界ランキング6位だった筆者は2012年ロンドン五輪後に「ブースター使用は明らかにルール違反で、世界の多くのトップ選手が使っている。一刻も早く、正々堂々とフェアな状況で戦いたい」と卓球王国誌上や一般のマスコミにも表明。「検査の改善をしてフェアな状況が来るまで国際大会への出場を見合わせる」と発表し、国際卓球連盟に実情を訴えた。しかし、国際卓球連盟でもその後、有効な検査方法が見つからないまま、筆者は国際大会に復帰した

市販のグルーのみでラバーを接着する筆者

97

新しい環境に飛び込む
英語を覚えてから生活も変わりプレーも変わった

2013年から私はロシアリーグに参戦した。UMMCというロシアの覇権《はけん》を争い、ヨーロッパチャンピオンズリーグに出場しているクラブだ。日本でやっていても強くなれないというのが一番の理由だった。2012年ロンドン五輪が終わってナショナルチームの体制が変わったけれど、それほど大きな変化はなかったし、環境を変えたいと思ったので、海外リーグでプレーすることを決めた。

海外のクラブでプレーすることの良さは、勝利を求められる試合を月に何回もやることだ。良い経験になるし、緊張感もある。また他のプロ選手と一緒にいることで刺激を受ける。

加えて、ひとりでいることによって、周りに流されることなく、強くなるために何をすべきかを自分で考えられる。日本にいると周りに流される部分があった。ロシアのクラブの選手たちは、みんながストイックなので、その部分では合っている。

ただ海外リーグは移動時間が長いのが難点だ。2013〜2014年も1年間で日本とロシアを11往復したが、その移動時間がもったいないと思う。乗り換えを入れると1回の渡航で20時間くらいかかるので、その時間がもったいない。しかし、ブンデスリーガほど試合数は多くないので、ロシアのほうが合っている。

現在、英語を勉強中で、飛行機の中でももっぱら英語を勉強している。ロシアリーグでは試合後に必ず英語のインタビューがあり、チームメイトもロシア以外の国の人がほとんどなので、英語でコミュニケーションを取る。英語が話せるようになると、コミュニケーション不足のストレスもなくなり居心地《いごこち》が良くなって生活しやすいし、契約も自分ひとりでやれるようになった。

ブンデスリーガにいた時はチームメイトはお互いがドイツ語を話していたけど、今は英語が共通語なので疎外感《そがいかん》がない。それは間接的には心の余裕につながるし、試合にも好影響がある。英語に自信があると自分から話せるし、自分から話題を提供できるようになる。言葉を話せるようになると行動や生活も変わり、練習や試合も変わっていく。これからもっともっと英語を勉強していきたい。

　海外でうまくやれる、チームに溶《と》け込んで良いプレーができる、ストレスをためないで生活できる大事な要素は「言葉」だと思う。

ロシアリーグでチームメイトと英語で会話する筆者。最近はロシアリーグだけでなく、国際卓球連盟のワールドツアー、ワールドカップなどでも、海外メディアのインタビューに対しても英語で答えるようになった（上写真）

98

●自分が卓球をやる意味

自分の卓球の限界に挑む。自分はどの高みまで到達できるのか

自分が卓球をやることの意味は何か。

もちろんお金はそのひとつだ。卓球のプロフェッショナルとして、お金は重要で、それは「生活」という言葉に置き換えられる。そして「家族」。家族を支えるために卓球で稼ぐ。家族に支えられているから卓球を続けられる。

自分が20年間力を注いできたものが卓球だ。現在、25歳（2015年1月）だから、自分の人生の8割以上は卓球が中心だった。だからこそ自分の限界へ挑戦したい。どこまで水谷隼が卓球を続けられるのか。どのレベルまで、どの高みまで自分の卓球が上がっていくのか。

ソフトボール、サッカーなど他のスポーツをいろいろやったけど、卓球が一番難しかった。だからこそ、卓球を極めたいと小学生の時に思った。その時には、一番難しい卓球を極めたら、スポーツ界の頂点を極めるようなものだと思っていた。だから、そこまで行きたいと思っている。

卓球の難しさとは何か。

難しいのは回転だ。だからこそ、私は回転について一番勉強しているという自負はある。自分がボールを同じようにとらえても、相手の回転の種類によって全く違う回転のボールになってしまう。また、同じような回転のボールを打ったつもりなのに、相手コートでバウンドの仕方が違うこともある。卓球の回転は難しく、奥深くて、そこが面白い。そして、卓球のゲームの駆け引きも面白くて、パズルのようで深遠《しんえん》である。

今は自分の限界の77％くらいのところまで到達している。満足はしていないけど、ある程度のところまでは来ているという意味だ。世界選手権でメダルを獲り、全日本選手権で優勝しており、あとひと息だと感じる。

99

勝者と敗者

他人のために頑張る勝者と自分のために頑張る敗者

勝者と敗者の違いは「他人のために頑張る」か「自分のために頑張る」かの違いだと思う。私は今まで自分のために頑張ってきたとは思っていない。常に他人のために頑張ってきた。自分のためだけなら頑張れない。

自分のためにやっていると思ったら、厳しい練習、厳しい生活、厳しい試合には耐えられないし、乗り越えることはできない。自分のためだけだったら「今日はこの辺でいいか」「ここまで苦しい練習をやらなくてもいいんじゃないか」と妥協してしまう。しかし、誰かのためになら頑張ることはできる。家族のために頑張るとか、身近の人のために頑張るなら、つらいことに耐えられる。

自分を支えてくれる人のためだと思えば、ストイックになれるし、自分を追い込める。自分が負けて家族が悲しむ姿を見たくない、そのためにつらいことに耐えて頑張ろうと思う。

自分は弱い人間だと思う。負けることで落ち込む。だから試合になったら勝ちたいと思う。もちろん、試合という勝負の中で自分は敗者ではなく、勝者になりたい。その勝者と敗者を分けている境界線は「誰のために頑張るのか」という点ではないかと思っている。

そして、スポーツの中で最も奥深くて難しいスポーツ、卓球を極めたいと思う。まるで登山家が命を懸けて世界の最高峰の頂点に立ちたいと思うように、自分も胸を張って世界の卓球の頂点に立ちたいと思っている。日本という中では、私は圧倒的に「勝者」として君臨できているかもしれないが、世界という大きな山の前では私は数え切れないほど「敗者」を味わっている。

いつの日か、私は世界の中で「勝者」になりたい。ラケットを置くまではその気持ちを保っていきたい。

●あとがきに代えて

強くなれば、試合で勝てるようになればあなたはもっと卓球の奥深さに触れることができる

自分がトップで走り続けている時に本という形で自分の言葉を残し、それが卓球愛好者の人の「強くなるためのヒント」になってほしいと思い、本書を書き始めた。

今回書いた部分は、実は自分自身の卓球の深い部分までは到達していない。それほど卓球というスポーツは奥が深いものであり、その奥深い部分は次回、もしチャンスがあればさらに紹介していきたい。

本書は、初心者であっても、中級者であっても、トップ選手、そして指導者であってもレベルは問わないで読んでほしい。少しでも今よりも強くなりたいと思っている選手や指導者であれば、何か感じてもらえるものがあるはずだと確信している。

私がナショナルチームに入った頃は、ちょうど日本の卓球が低迷している時期だった。2006年に初出場した世界選手権団体戦(個人戦は2005年初出場)ではワースト記録(14位)を作った。なぜその時、日本の卓球界はだめだったのか。なぜここまで世界の上位に入るようになったのか。その両方を自分は見て知っているのだ。かつ、その階段を自分も上がってきたひとりである。

その途中の段階で、自分はドイツや中国、そしてロシアに行っている。その中で、日本の卓球が強くなった一番の要因は、ドイツのブンデスリーガで自分を含めた若い選手たちがプレーしたことだと思う。ブンデスリーガでもまれた若い選手たちが力をつけ、日本の若い選手を刺激し、練習方法を変えていく大きなきっかけになった。しかし、今もたくさんの選手がブンデスリーガでプレーしているが、日本はまだまだ他の国のプロ環境と比べればいろいろな面で劣っているところもあると思う。

日本の一般の愛好者が知らない部分がまだたくさんある。専門誌などで紹介されていても、それはごく一部分な

のだ。私は本書の中で、自分が経験してきたヨーロッパや中国の練習や考え方、そして世界のトップ選手に共通している点などをまとめられたと思う。

趣味として楽しむ健康スポーツは別にして、競技スポーツというのは「勝ってなんぼ」の世界でもある。自分自身、卓球をやってくる中で、勝つことを重要視してきた。卓球の試合で勝つためには「強くなる」ことが重要なのは、当たり前のことだ。強くなるということは、自分の思うようなラリーができて、ラリーの楽しさを実感することになり、卓球の奥深さを知ることになる。そして同時に勝利の喜びを感じることもできるのだ。

本書を読んで、普段の練習に役立て、実戦の試合でのヒントにして、ぜひ勝利の喜びを感じ、卓球の難しくも奥深い部分に触れてもらえたら幸いである。

本書は書店によく並んでいるような、打ち方のハウツー本ではない。すでに述べているように、選手が１００人いれば１００通りのフォームがあるのだから「このフォームで打つべきだ」というような書籍は実はあまり参考にならない。最も重要なのは練習、技術、戦術に対する考え方なのだと思う。だからこそ「トップ選手たちはこのように考えるんだ」「練習方法の考え方のヒントになった」「試合で緊張して実力を発揮できなかったけど、水谷もぶるうんだ」というように感じてもらい、みなさんの参考になったらうれしい。

私が卓球選手であることを誇りに思っているように、フェアプレーを守る素晴らしいスポーツとして、また地球上で最も難しく、最も楽しく、最も奥深いスポーツとして、みなさんも卓球というスポーツに誇りをもってプレーしてほしいと願っている。

２０１５年１月　水谷隼

水谷隼の歩み

〈西暦〉 〈年齢〉

西暦	年齢	
1989年	0歳	●6月9日、静岡県磐田市に生まれる
1994年	5歳	●両親の影響で卓球を始める。生来右利きだったが、左手でラケットを握ってスタート
1996年	7歳	●全日本選手権バンビの部　準優勝
1997年	8歳	●全日本選手権バンビの部　優勝
1998年	9歳	●全日本選手権カブの部　3位
1999年	10歳	●全日本選手権カブの部　優勝
2000年	11歳	●全日本選手権ホープスの部　3位
		●全日本選手権ジュニアの部　初出場
2001年	12歳	●全日本選手権ホープスの部　優勝
		●全日本選手権カデットの部13歳以下　3位
2002年	13歳	●全国中学校大会　ベスト8
		●全日本選手権カデットの部13歳以下　シングルス3位、ダブルス優勝
		●全国中学校大会　シングルス準優勝
2003年	14歳	●青森山田中に転校
		●ドイツ・ブンデスリーガに卓球留学　3部ミュンスター所属

2004年 15歳

- 全日本選手権　史上最年少でベスト16入り（14歳7カ月）。ジュニアの部も史上最年少優勝
- 全国中学校大会　シングルス優勝
- ドイツ・ブンデスリーガ　2部　ゲルマニア・ホルトハオゼンに移籍

2005年 16歳

- 世界ジュニア選手権　ダブルス優勝
- 全日本選手権　ジュニアの部　準優勝。ダブルス3位
- 青森山田高に進学
- 世界界選手権上海大会（個人戦）に初出場（15歳11カ月）。2回戦で荘智淵（チャイニーズタイペイ／WR8）を破りベスト32入り

2006年 17歳

- 全国高校選手権　団体、ダブルス優勝、シングルスベスト8
- 世界ジュニア選手権　団体優勝、シングルス準優勝、ダブルス3位
- 全日本選手権　シングルスベスト8、ダブルス3位、ジュニアの部優勝
- 世界選手権ブレーメン大会（団体戦）代表
- 全国高校選手権　団体、ダブルス優勝、シングルス3位
- ドイツ・ブンデスリーガ　1部ボルシア・デュッセルドルフに移籍

2007年 18歳

- 全日本選手権　シングルス史上最年少優勝、ダブルス優勝、ジュニアの部優勝
- 世界選手権ザグレブ大会（個人戦）代表。シングルスベスト32、ダブルスは中国の馬龍・郝帥ペアに勝利し、ベスト8入り
- 全国高校選手権　団体、シングルス、ダブルス優勝。三冠王に輝く

2008年 19歳

- 全日本選手権　シングルス、ダブルス2連覇
- 明治大学へ進学

2009年

20歳

- 世界選手権広州大会（団体戦）代表。男子8年ぶりの銅メダル獲得
- 北京五輪初出場。シングルスベスト32、団体戦5位
- 中国超級リーグに参戦。浙商銀行所属
- 全日本選手権　シングルス、ダブルス3連覇、混合ダブルス3位
- ジャパントップ12　準優勝
- 日本リーグビッグトーナメント　準優勝
- 世界選手権横浜大会（個人戦）代表。シングルスベスト16、ダブルス3位。男子個人戦で12年ぶりの銅メダルを獲得
- アジア選手権　団体準優勝、シングルスベスト8
- 全日本大学総合選手権　シングルス優勝

2010年

21歳

- 世界ランキングトップ10入り
- 全日本選手権　シングルス、ダブルス4連覇
- ジャパントップ12　優勝
- 世界選手権モスクワ大会（団体戦）代表。2大会連続となる団体銅メダルを獲得
- 中国超級リーグに参戦。四川郵儲・先鋒汽車所属
- アジア競技大会　シングルス、団体3位。シングルスは24年ぶり、団体は12年ぶりの銅メダルを獲得
- ワールドカップ　4位
- ITTFプロツアー・グランドファイナル　優勝（日本選手初）

2011年

22歳

- 全日本選手権　シングルス5連覇、ダブルス準優勝
- ジャパントップ12　優勝

２０１２年
23歳

- 日本リーグビッグトーナメント　優勝
- 世界選手権ロッテルダム大会（個人戦）代表。シングルスベスト８、ダブルスベスト16
- 中国超級リーグに参戦。寧波海天塑機所属
- ワールドカップ　４位
- 全日本選手権　シングルス準優勝、ダブルス優勝
- アジア選手権　団体２位、シングルスベスト８
- 世界選手権ドルトムント大会（団体戦）代表。３大会連続の団体銅メダル獲得
- ＩＴＴＦワールドツアー・ジャパンオープン　優勝
- 世界ランキングトップ５入り（自己最高５位）
- ロンドン五輪　シングルスベスト16、団体ベスト８

２０１３年
24歳

- 全日本選手権　シングルス準優勝、ダブルス３位
- 日本リーグビッグトーナメント　優勝
- 世界選手権パリ大会（個人戦）代表。ダブルス３位。２つ目の個人戦での銅メダルを獲得
- アジア選手権　団体２位、シングルスベスト８
- ロシア・プレミアリーグ参戦。ＵＭＭＣ所属

２０１４年
25歳

- 全日本選手権　シングルス優勝（６度目）、ダブルス準優勝
- ジャパントップ12　優勝
- 世界選手権東京大会（団体戦）代表。４大会連続団体銅メダル獲得。準決勝でオフチャロフに勝利
- ワールドカップ　４位
- アジア競技大会　団体３位、シングルスベスト８
- ＩＴＴＦワールドツアー・グランドファイナル優勝

●さらに強くなりたい人へのオススメ書籍!!●

勝利から逆算する
「目的別」練習法

卓球
練習革命

偉関晴光・監修

練習の「目的」「目安」「目標」がひと目でわかる。攻撃選手の合理的な練習メソッドが満載！

1,500円+税
●A5判
●ソフトカバー
●オールカラー 224ページ
●ISBN978-4-901638-46-3

中級選手におすすめの技術書。
DVD付き（約20分）!!

松下浩二の必ず強くなる！
勝つ卓球!!

松下浩二・著

試合で勝ちたい中級選手におすすめ！ 試合で勝つための技術と戦術にこだわった一冊。

1,700円+税
●A5判
●ソフトカバー
●オールカラー 168ページ
●ISBN978-4-901638-32-6

言葉力で選手は変わる。
そのひと言で選手は強くなる

選手の力を引き出す
言葉力

高島規郎・著

ベンチコーチでの言葉がけ、言葉が持つパワー、魅力、重要性を説いた一冊。

1,300円+税
●四六判
●ソフトカバー
●168ページ
●ISBN978-4-901638-37-1

卓球王国のベストセラー！
勝利をつかむための戦術満載

続 卓球戦術ノート

高島規郎・著

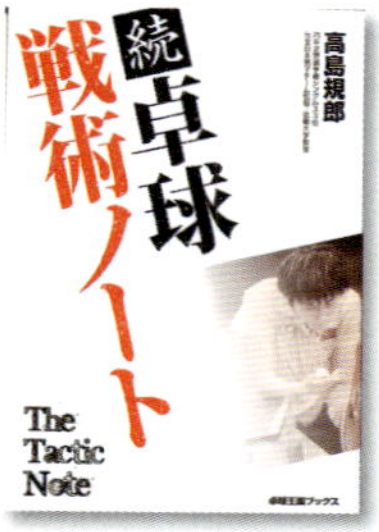

前著『卓球 戦術ノート』に続き、本誌の人気連載を項目別に編集し直して一冊にまとめた。
次の試合からすぐに生かせる、生きた戦術を満載した人気の書籍。

1,500円+税
●四六判 ●ソフトカバー
●312ページ
●ISBN978-4-901638-36-4

卓球王　水谷隼の勝利の法則

2015年2月3日　初版発行
2018年10月17日 第5刷発行

著　者　　水谷　隼
発行者　　今野　昇
発行所　　株式会社卓球王国
〒151-0072　東京都渋谷区幡ヶ谷1-1-1
電話　03-5365-1771
http://world-tt.com
印刷所　　シナノ書籍印刷株式会社

 ISBN978-4-901638-47-0